逃げ上手は生き方上手

和田秀樹

実業之日本社

はじめに

みなさんは、「逃げる」という言葉にどんなイメージを抱いているでしょうか。

「逃げるんじゃないよ！」

「お前、逃げたな」

「逃げないで堂々と釈明すればいいじゃないか」

正直なところ、あまりいいイメージはないのではありませんか。

逃げられたほうは「逃げるなんて汚い奴だ」「卑怯な奴め」などといった思いを拭えないでしょう。逃げた当の本人も、そうした罵詈雑言を全否定できず、どこかに後ろ暗いというか、後ろ指を指されるような感覚があるように思います。

「逃げるが勝ち」「三十六計逃げるにしかず」といった言葉もありますが、ここにも後ろ暗さや開き直りを感じてしまうのは私だけでしょうか。少なくとも正々堂々と胸を張っているようなイメージはありませんよね。

このように「逃げる」からは、あまりいいイメージが感じられないのですが、8年ほど前にTVドラマ化された、漫画家・海野《うみの》つなみ氏の作品名をもじって言わせていただけば、「逃げるは恥でもなく役に立つ」のです。

たとえば、適応障害という疾患があります。生活の中で生まれる日常的なストレスに上手に対処できずに、その結果、抑うつや不安感などが生じる病気です。

職場にいるときだけ調子が悪くて、職場を離れると気分が良くなるという〝症状〟が適応障害の典型例で、一時期、雅子皇后がこの病気に悩まされたことは多くの人の知るところでしょう。

実は適応障害の治療法は、原則的に二つしかありません。

現実問題として抗うつ薬、抗不安薬、睡眠薬などは多少効きますが、実際、治療できるというレベルのものではありません。

一つは休職をしたり、学校を休んだりすることです。つまり、「逃げること」で、原因となるストレス状態の軽減をめざすのです。

もう一つは、そのストレスのもとになっているものに対する受け止め方、捉え方を変えることです。これが認知療法と呼ばれるものです。

雅子皇后は立場上、逃げることができなかったので、認知療法の大家《たいか》である大野《おおの》裕《ゆたか》先生の治療を受けられたのです。それでもかなり治療に時間がかかったようです。

本書では、逃げることがあなたの人生でいかに役に立つか、どのように逃げればいいのか、逃げてはいけない場合もあるのか、などについてお話ししていきます。

この本で、逃げる効用を実感し、あなたなりの賢い逃げ方を体得していただけたら、恥にもならず、この先を生きていくうえでとても役に立つことでしょう。

目次

第2章　こんな逃げ方を知っていますか

第3章　「逃げられないこと」からどう逃げるか

第4章 「逃げてはいけないとき」はあるのか

第5章　逃げてこそ手に入る安心と幸せ

第1章　逃げるは恥でもなく役に立つ

生真面目さから逃げてはどうですか

私たち精神科医に言わせると、うつ病というのは真面目な人がかかる病気です。「かくあるべし思考」とでも言ったらいいのでしょうか、「人はこうでなければならない」「日本人だったら、こういう行動をすべき」などの思い込みの強い人がうつ病になりやすいのです。あと、献身的な人や、「人に迷惑かけちゃいけない」という思いが強い人もなりがちです。

そういう人たちに向けて私が言いたいのは、「もう少し楽に生きたらどうですか」「自分や人に甘くてもいいのですよ」ということです。

そうするだけでうつ病にかかる可能性はぐんと低くなります。つまり、生真面目さから逃げてはどうですかということです。

実際、世の中は今、〝いいかげん〟や〝緩い〟人が増えています。

たとえば、頑張って人に勝つといったタイプの人から、みんなと同じだったらまあ食っていけるからそれでOKという思考の人が多くなっているのです。要するに自分がつくったルールに縛られているタイプの人から、周りに合わせるタイプの人が増えてきているということです。

そこには「かくあるべし思考」は見当たりません。

逃げられなくて適応障害（新型うつ）になった人たち

適応障害といわれる人たちは、基本的には職場ではすごく調子が悪い。それなのに家に帰るとわりと元気で、食欲も落ちません。だから「あいつはサボり病だ」などといわれるわけです。

雅子皇后や女優の深田恭子さんには「適応障害」という病名がつけられました。それがやがて「新型うつ」と呼ばれるようになりました。

適応障害は、〝サボり病〟といわれることがありますが、それは違います。適応障害になる人は、職場に適応しないといけないというプレッシャーが人一倍強いので、職場がしんどいのです。9時から5時まで適当に時間をつぶしていたらお金をもらえると思っているような人は、適応障害には絶対なりません。

深田恭子さんにしてもたぶん、アイドルといわれる年齢は過ぎたし、見た目だけではなくしっかりした演技をしないといけないなどといったプレッシャーがあったから、適応障害になったのでしょう。

雅子皇后だって、皇室に適応しなければいけないとの思いが強かったのでしょう。だから、メーガン妃のように物怖じしない人は適応障害になりません。

適応障害＝サボり病という説は大きな誤解です。適応障害の人のほうが、まさにうつ病になるような人と同じ心理構造の人が多いのです。


要するに雅子皇后は、皇室に入られて、そこでの自分の立ち位置などすべてを正面から受け止めたのです。それはそれで立派なことですが、そのために適応障害になられてしまったのでしょう。

面従腹背ではありませんが、精神的にだけでもほんの少し「逃げる」という気持ちがあったら、適応障害になることはなかったかもしれません。

頑張ることに美学を感じるのは時代遅れ

楽できることはなるべく楽をしましょう、というのは生き方としてとても大事だと思います。私自身の座右の銘でもあります。

たとえば、これからはＡＩの時代になるでしょう。そう遠くない将来、完全自動運転の車が出現するでしょう。そのとき、楽だから自動運転の車に乗ろうと思うか、車を運転する以上はマニュアル車に限るという人と、どちらがうつにならないかという話です。

テクノロジーはどんどん進歩していきます。楽なほうがいいという発想ができない人たちは、たぶん残念ながら世の中から取り残されていくと思います。

日本人には相変わらず、楽をすることに罪悪感があるようです。とにかく頑張るのが正解とでもいったらいいのでしょうか。私が40年近く前に『受験は要領』（ＰＨＰ研究所）という本を出したとき、ずるい、卑怯などと非難を浴びました。批判した人たちは「頑張ること」に意義を感じていたのでしょう。

でも、つらいことからはさっさと逃げ出すに限ります。

内面はボロボロなのに、表面的にはニコニコして頑張ってしまうのではなく、まず逃げ出すことを考えましょう。今は多くのケースで、職場でしんどい顔をしていたら、

「お前、顔色悪いな。体調でも悪いのかい?」

「はい、じつは……。仕事しているだけでしんどいし、夜も眠れないんです」

「だったら休まないと。ストレスチェック受けて、休職したほうが得だぞ。給料もちゃんと出るようにしておいてあげるから」

などとなるのではないでしょうか。

無理して頑張ったところで、ひとつもいいことはありません。さっさと逃げ出しましょう。頑張ることに美学を感じているなんて、いったいいつの時代の話をしているのだと思ってしまいます。

スポーツの世界では、かつて競技中や練習中は水を飲んではいけないというのが常

識でした。それもなくなったし、うさぎ跳びもなくなりました。ところが勉強や仕事の世界ではいまだに根性論が幅を利かせている。40年近く成長がないのです。

健康問題にしても、メンタルにしても、人生の中で楽できることは楽をしたほうがいいと思います。そのためには我慢はなるべくしないこと。そして参ったら泣きつく。要するにさっさと逃げ出してこそ、結果はついてくるし、自分のためになるのです。

他人の目から逃げるには開き直ることがおすすめ

「自分はどう見られているのだろう」

「他人の目には自分はどう映っているのか」

そんなことを必要以上に気にする、自意識が強い人は少なからずいるようです。一説によると、日本人の9割は自意識が強いといいます。

自意識を持つこと自体は悪いことではありませんが、自意識が過剰に強いと、四六時中周りを気にしていなければならないわけで、本人は精神的にも肉体的にも疲れ果ててしまいます。

では、どうすれば自意識から逃げることができるのでしょうか。

私のおすすめは開き直ることです。

「もうええわ、もう疲れた……」

そう思った途端に、生きるのが信じられないくらい楽になることもあるのです。

「大雑把に生きる」のもひとつの手かもしれません。

自意識が過剰に強い人は、完全主義の人が多いようです。完全主義の人は「くだらないこと」にこだわり、「無駄なこと」を嫌う傾向があります。馬鹿話で盛り上がることはあまりないでしょう。上昇志向が強い傾向もあります。

要するに、真面目すぎて生き方が息苦しいのです。また、真面目すぎる人は、頑張りすぎて悩んだり苦しんだりする人でもあります。

そういう人の多くは、以下の3点に該当しているのではないでしょうか。

＊何事も「負けてはいけない」と思っている。

＊何事も「やればできる」と思っている。
＊いつも他人に「見られている」感覚がある。
そんな人には、「もうちょっと大雑把に生きてみませんか」と言いたいです。

何事にも負けることはあるし、できないこともあるだろうし、今でなくて明日以降に頑張ればいいじゃないかと思えることがたくさんあるのです。時には手を抜いてもいいし、逃げてもいいのです。


大雑把に生きることは、実は強く生きることに通じているのです。

大雑把に生きれば、心が楽になります。人生を楽しく送ろうと努めれば、あなたに結果的に多くの果実をもたらすことでしょう。

早い話、他人はあなたのことをそこまでじっと見ているわけではないのです。

日大問題、林真理子理事長は逃げた方がよかった

2023年の夏、学生の大麻事件が相次いで発覚して世間を騒がせました。

まず7月12日、東京農大ボクシング部所属の男子学生が大麻取締法違反容疑で逮捕され、その後、芋づる式に二人の部員が逮捕されました。

その驚きも覚めやらぬ8月5日、今度は日本大学アメリカンフットボール部所属の学生が大麻取締法違反と覚せい剤取締法違反の容疑で逮捕されました。

世間は上を下への大騒ぎとなりましたが、両校の対応は対照的でした。

東京農大はホームページ上で江口学長の「謝罪動画」を公開しましたが、記者会見は開きませんでした。

一方の日大は林真理子理事長と酒井学長が記者会見し、謝罪しました。

そもそもの話になりますが、この問題で林真理子理事長が矢面に立つ必要はありませんでした。なぜなら、「大麻事件」というのは学生が起こした問題だったからです。経理担当の職員が使い込みをしたといったことであれば、理事長マターですから、林さんが表に出なければなりませんが、今回問題を起こしたのは学生です。

となれば、会見するのは学長だけでよかったのです。そのために理事長と学長を分けているのですから。有名人であることも手伝ってか、矢面に立った林理事長は批判されまくりました。

さらに言えば、日大の学生が所持した大麻は0・019グラムでした。農大の学生は60グラムです。なんと日大の3000倍です。それなのに文科省からのおとがめはなしで、補助金は例年どおり支給されました。一方の日大は支給を見送られました。90億がパーです。

記者会見から逃げた東京農大学長は、卑怯などと言われましたが、世間的にはそれ以上たいして騒がれず、逃げないで記者会見に応じた日大理事長は集中砲火を浴びる……。

事の是非はひとまず措《お》くとして、この一例にも、〝逃げる効用〟は示されているように思います。

徳川家康は逃げ上手だから天下を取れた⁉

歴史上で最も逃げるのがうまい人物は誰かと問われたら、私は躊躇なく徳川家康を挙げたいと思います。

とくに有名なのが武田信玄と徳川家康・織田信長の間で起こった、三方ヶ原（遠江国敷知郡）の戦いにおける家康の逃げっぷりです。

自分の身代わりとなった家臣たちが、目前で相次いで倒されていく光景を目にしながら、我関せず、恐怖のあまり便を漏らしながら浜松城へ逃げ帰ったという逸話が残されています。

要するになりふりかまわず逃げまくって生き延びたからこそ天下を取れたのが徳川家康なのです。

一方、逃げないで正面から戦ってきたのが織田信長です。

１５６０年、桶狭間の戦いでは今川義元を撃破し、三河の領主・徳川家康と同盟を結びます。その後、１５６７年には美濃の領主・斎藤氏の駆逐に成功。

翌年９月には、足利義昭とともに上洛。三好三人衆などを打ち破り、室町幕府の再興を果たします。しかし、敵も多く、姉川の戦い、延暦寺の焼き討ち、長篠の戦いなどを経て天下人をめざしますが、１５８２年、明智光秀の謀反に遭い、そこから逃げることなく、京の本能寺で自害に追い込まれます。

逃げまくって徳川３００年の礎を築いた家康、部下の裏切りに遭い、圧倒的多数の部下を抱えていたのに逃げなかったために、自害に追い込まれた信長。この歴史上の一例も逃げることの重要性を教えているといえるでしょう。

なぜ「逃げる」にはマイナスイメージがつきまとうのか

ここまで「逃げる」ことの効用について書いてきましたが、それにしても「逃げる」にはあまりいいイメージがありません。それはどうしてなのでしょうか。

子供の頃に親や学校の先生から「逃げてはいけない」と教えられてきたからではないでしょうか。

たとえば、大量の宿題が出されて、「これ、全部やったら身体壊すよな」と思っても、「逃げたら駄目だよ」と怒られてしまいます。

算数が得意で国語が苦手な子が「算数だけやりたい」と国語から逃げたら、「苦手な国語もやらないとね」と、これまた怒られてしまいます。

じつは受験勉強のいいところは、合計点で合否が決まることにあります。極端な話、1科目0点でも受かることがあるのです。ですから、苦手な科目からは逃げてもいいです。中学や高校受験では全科目受けないといけませんが、大学受験には、逃げられる科目があります。極端に言えば、逃げたほうが成功するのです。

ところが高校までは全科目受けないといけません。その過程で「逃げたらいけない精神」が身について、大人になってもそれに引きずられてしまうのではないでしょうか。

要するに受験に対するスタンスが間違っているのです。

大学受験のときに「逃げてもいいのだよ」と教えてもらっていれば、その後、「逃げること」に罪悪感を覚えることもなく、逃げることが選択肢のひとつとして身につくのではないでしょうか。

「逃げてはいけない」は単なる思い込み

「自分が会社に行かないと仕事が回らない」と思い込んでいる人がいます。

そんな人に休むことをすすめても当然、拒否します。

本人は責任感もあって、「逃げてはいけない」と思い込んでいるのでしょうが、そもそも会社という組織に「自分がいないと回らない」仕事なんてありません。常に代わりの誰かがいる。でなければ経営は成り立たないでしょう。

それなのに、自分が行かなくては仕事が回らないと勝手に考え、「逃げてはいけない」と、休まず働いて心身を壊してしまったら……。

損するのは自分だけだと思いませんか。

「つらい」と思ったら、会社を休むなりして、さっさと逃げ出せばいいのです。

今いる場所から、一時的にせよなかなか逃げ出せないというのは、多くの人に共通しているようです。「逃げるのはよくないこと」という思い込みがあるのでしょう。

いじめられて自殺する子が後を絶ちませんが、私に言わせれば、いじめられているのにどうして学校に行くのだろうと思ってしまいます。

たしかに、いじめるほうが悪いのは言うまでもありません。しかし、だからといって、逃げずに正面から向き合うというのはいかがなものでしょう。逃げればいい場面で逃げないで、最終的に自殺するなんて、あまりにも悲しすぎます。

その意味でも、「逃げるのはよくないこと」「逃げるのは卑怯なこと」という考えから抜け出すことをおすすめします。「逃げる」というのは自分を守るための武器なのです。

いかに上手にうつ病から逃げるか

40歳を過ぎた頃から気になってくるのが血圧や血糖値といった健康診断の数値です。また、その頃からは体重が増えたりウエストが太くなったりしてくるので、「メタボにならないようにしなくては……」とも気になってくるでしょう。

食事に気を使う人もいれば、スポーツジムに通う人もいるでしょう。カロリーの摂りすぎと運動不足から動脈硬化が起こり、これが糖尿病、心筋梗塞、脳梗塞へとドミノ倒しのようにつながっていくと説明されますが、食事と運動は、要するに生活習慣病対策です。

この年代の人がそれ以上に対策が必要なのはうつ病です。

というのも、日本人の死因で、40代でがんに次いで多いのが自殺です（男性に限れば自殺が死因の第1位）。50代では、がんや心疾患・脳血管疾患が増えてくるものの、それでも自殺は死因の第3位です。

自殺者の5～8割はうつ病だといわれていることを考えると、40代以降はいかにうつ病から逃げるかが、健康や長寿をめざすうえでのポイントになります。

実際、40歳以降は、うつ病にかかる人が増加します。厚生労働省の調査によると、うつ病患者がもっとも多い年代は男性が50代、女性が40代です。

40代以降のうつ病は、ホルモンバランスが変わってくることが大きく関係しています。自身の性ホルモンの分泌量が低下することで、自律神経のバランスが乱れやすくなるからです。実際、うつ病があると更年期障害の自覚症状が悪化するともいわれています。

しかもこの年代は、仕事でも家庭でも環境が変わってきます。

人間関係に疲れ果てていても、成果主義や実力主義なので精神的に追い込まれるまで頑張ってしまう人もいるでしょうし、家に帰れば帰ったで、子供が受験や就職で苦労していたり、親の介護が必要だったりする人もいるでしょう。

心が強ければうつにならない、というわけではありません。

心身が大きく変化する時期に、そんな社会的・環境的な要因が加わると、人間は案外簡単にうつ病にかかってしまいます。うつ病は決して治らない病気ではありませんが、かかってしまうとやはりつらい。

悪化すると治りにくくなるので、悩みがあるときは抱え込まずに、家族なり友人なり、誰かに愚痴をこぼすことです。

つらいときは無理をせずに休み、医者やカウンセラーに相談することも覚えてほしいと思います。

それがうつからうまく逃げる第一歩となります。

世間の価値観からは逃げて自分のペースを守ることが大事

近頃、よく耳にする言葉に「スピード感」があります。

組織はもちろん、業務の流れや実行にまず求められるのが「スピード感」です。すばやい判断と対応がなければ、世の中の変化や要求に応えることができないからでしょう。

そのせいなのでしょうか、世の中では早いのがいいこと、遅いのはよくないことというイメージが定着しつつあります。それが一人ひとりの人間に当てはめられると、どうなるのでしょうか。

「できる人にはスピード感がある」

「できない人にはスピード感がない」

そんなイメージはないでしょうか。


こうしたイメージを持ってしまうと、今度は万事に早めの準備や実行、あるいは計画や達成が大事なような気がしてくるかもしれません。

たとえば、自分の夢や願望を実現させたいといったときでも、「そのうちに」とか「いつか」ではなく、「1年後」とか「明日から準備にかかろう」と決心するようになりがちです。

「そのうちいつかでは、結局、何もしないまま時間が過ぎていく。本気で実現をめざすのなら、早め早めのスケジュールにしないといけない」

そう考える人がスピード感のある人です。

でも、できる人はそうでなければいけないのでしょうか。だからなのか、どこかピリピリしています。

一方、「そのうちなんとかなるだろう」とのんきに気長に構える人は、はっきり言ってあまりできる人のイメージはありません。のんびりゆったりしています。

あなたがどちらのタイプかはわかりませんが、大事なのは、自分のペースを守ることです。スピード感のなさが自分の弱点だと自覚しているのなら、それの克服に努めるのもいいかもしれませんが、世間の価値観に惑わされて、無理にスピード感を出そうとするのはいかがなものでしょうか。

また、もともとスピード感が備わった人でも、「ちょっと疲れたな」とか「イライラが溜まってきたな」と感じるようなら、スピード感にこだわる必要はありません。

世間の価値観からは逃げるに限ります。

とくに最近、「なんだか追い立てられるように暮らしているなあ。以前はもっとゆったり暮らしていたのに……」と感じるようになった人は、もうちょっと気長に生きてみませんか。

「逃げる」は最終手段ではない

日本人には、夫婦関係や人間関係でも、逃げずにじっと我慢という傾向が見られます。

欧米人は愛情が冷めたら素早く離婚してしまいますが、日本では我慢するのがふつうのことですから、離婚というのは「よほどのこと」として選択肢から外されます。

総務省統計局「世界の統計2018」によると、日本人の離婚率は1000人当たり1・7組で、世界で10番目。トップのロシアの4・7組、2番目に高いアメリカの2・5組を下回っています。

人間関係に悩んでいる人の8割くらいは、その人間関係から逃げられないと考えていますから、職場や学校、友人やママ友まで、多くの人が「我慢」を選択しているのです。

「我慢する」という考え方は、ある意味では日本人の「美徳」と見ることもできますが、ストレス対策という面で考えると、必ずしも最良の選択とはいえません。

日本人が「逃げる」と考えるのは最後に自殺するときだけ……というのでは、最悪の逃げ方しかできないことになります。

これではあまりにも悲しすぎます。もっともっと「逃げること」を活用したいところです。

「自分には『逃げる』がある」と知るだけで全然違う

「逃げる」といっても、必ずしもすぐに会社を辞めたり離婚したりする必要はありません。

「最後には逃げるという手がある」「逃げるという選択肢もあるのか」と、自分にもいざというときの切り札があることを自覚しておけば、すぐに実行に移さないで、「もう少しだけ様子を見てから決めよう」という気持ちの余裕が生まれます。

「会社を辞めるという手もある」「離婚という選択もある」と覚悟ができれば、上司に掛け合って異動を志願するとか、配偶者にこれまで言えなかった思いをぶつけるとかいったこともできるはずです。

少なくとも、現在の環境を変えて、ストレスを吹き飛ばすための最初の一歩を踏み出す決心ができるでしょう。

生活面や収入面、家族のことや転職先のことが心配で「逃げる」という選択ができない人もたくさんいることでしょう。

それでも、「自分にはいざとなったら『逃げる』があるのだ」と知っておくだけで、日常的にかかってくるストレスはかなり軽減されるでしょう。

第2章　こんな逃げ方を知っていますか

苦手なことから逃げる仕事術

官庁に勤務していた知り合いから「仕事のしかた」について話を聞いたことがあります。彼は超エリートで仕事もできることで評判の人でした。言ってみれば「できる男の仕事術」といったところでしょうか。

官庁に入省した新人は死ぬほど仕事を押しつけられます。連日2時3時といった残業は当たり前という状況です。そのとき彼は、「これではもたない」と思い、二つの指針を決めました。一つ、自分が得意な仕事はどんなに忙しくても、とにかく受ける。二つ、苦手な仕事からは逃げる。

一つ目、得意な仕事ですから、進めるペースも早いし、きっちり仕事をする。そのうちに「あいつは仕事ができるし、どんなに忙しくても受けてくれ、期待以上にこなしてくれる」と評判になり、「仕事ができる奴」という評価が定着しました。

二つ目、断り方がふるっています。彼は「できません」とか「嫌です」などと断固とした調子では断りません。「とても私の力ではできません。こんな仕事ができる人がいるのですね。さすがエリート集団ですね」などと相手をおだてながら仕事から逃げるのです。

ですから相手は、断られた、逃げられたとは思いません。それを繰り返しているうちに「自分の力量をわかっている謙虚な奴」という評価が定着しました。

そうすると、上司は、その仕事を「しょうがないな」と他の人に回す。他の人はどんどんつらくなるのに、自分は得意なことだけやるのでつらくはない。むしろ楽になります。しかも、できるところだけをバッチリやっているから、仕事ができる奴という評判が立つ……。

まさに、いいことずくめの仕事術といっていいでしょう。より具体的にいうなら「苦手なことから逃げる仕事術」といったところでしょうか。

全部の仕事をしようとする人はバカ

前述の彼には仕事を選ぶ際、じつはもう一つの極意がありました。

この先、出世していきそうな上司からきた仕事は頑張る。そして、この人はたいして出世しないだろうと見切った上司からの仕事は逃げる、というものです。

彼の目に狂いはありません。出世しそうな上司の仕事はバッチリやっているから、「お前なかなか見どころあるな」と、その上司が実際に出世したときには引っ張ってもらえます。

一方、できの悪い上司からきた仕事からは逃げるわけですが、その逃げ方がなかなかのものです。彼は当然、嫌な仕事を断るときには「嫌です」「お断りします」などとは言いません。

「やはり東大出の人たちはすごいですね。私は、全然できませんでした。やりたいのは山々ですけど、能力的にできませんでした。どうしましょう……」

などと下手に出れば、やはり「しょうがない奴だな」という話になって、できの悪い上司からは仕事が回ってこなくなってきます。

それで、仕事のできる上司に引き立てられてどんどん出世。得意な仕事だから、自分は楽です。2時3時まで残る必要はありません。

要するに、全部の仕事をやろうとするほうがバカなのです。無駄な仕事はやる必要がないのです。

受験でもそれは同様です。手前味噌にはなりますが、私が編み出した大学受験勉強法では、苦手科目からは逃げるのが基本と教えています。私自身、東大の理Ⅲを受けるとき、国語はやっても伸びそうにないから、目標点は漢字と漢文の19点として、それ以外はほとんど勉強しませんでした。

それは受験だけではありません。私は苦手だと思うことは絶対にやりません。だからスポーツはやらないし、麻雀もやりません。選択の基準は好き嫌いではなく、得意か苦手かです。苦手なところからはさっさと逃げればいいのです。

仕事から逃げて1週間休んでみる

疲れていると、当然ながら仕事の能率は落ちます。

アイデアだって浮かびません。精神的にもきつく、イライラが募ります。体調を崩すことにもなりかねません。

疲れをそのままにしたら、いいことは何もない、ということは皆さんもよくわかっているでしょう。

そんなときは、きちんと休むようにしてください。仕事から逃げるのです。会社から逃げるといってもいいでしょう。そして、旅行に出かけたり、趣味を楽しんだりすれば、気分もリフレッシュするはずです。

でも、休むことができないと思っている人もいるでしょう。休むことを恐れているといったほうがいいかもしれません。

理由ははっきりしています。「自分が休んだら、仕事が回らない」と思っているからです。仕事がデキると自負している人ほどその意識が強く、休むことに抵抗を感じます。

たしかにあなたは、会社にとって重要な戦力なのかもしれません。あなたが休むことで、組織はそれなりの痛手をこうむるでしょう。

ただ、一人が休んだくらいで組織が機能しないということは、まずありません。代わりの戦力は必ずいて、仕事は回っていくものです。

ほかにも、休んだらダメな奴と思われるので休めないという理由もあるかもしれません。しかし、人の評価を気にしていたら、一生他人に振り回されます。そんな生き方を誰も望んではいないでしょう。

体も心も疲れたら、思い切って1週間休むことをおすすめします。有給休暇などを利用して、その1週間を好きなようにすごしてみてください。

精神療法の森田療法では、神経症などの入院治療において、1週間は何もさせないという方法を取ります。

何もしないで1週間をすごすことで、不安だった自分とは違う自分を体験してもらうのが目的です。

この考え方では、会社から離れて、何もせずに1週間をすごすと、働いているときに感じていた不安や焦りなどを感じなくなります。代わりに、「何かしたい」という人間本来の欲望がよみがえってきます。

休むことで再び目覚める「何かしたい」欲望は、気持ちが前向きになっている証なのです。

会議が嫌なときの逃げ方

ビジネスマンなら「今日の会議は出たくないな」という気分のときがあると思います。だからといって、会議があるその日に会社を休んだら、「会議が嫌でズル休みした」とすぐにバレてしまうでしょう。そしてあなたの評価は下がってしまいます。

たしかに、「会社を休む」というのも逃げの一種ではありますが、あからさますぎるのでおすすめはできません。

では、そんなときはどうすればいいのでしょう。

実は私は糖尿病のうえに心不全で利尿剤を飲んでいます。「医者の不養生」といわれれば返す言葉もありませんが、利尿剤のせいで30分か1時間に一度はトイレに行っています。日大の会議に出ているときもそれは同じで、堂々と抜け出していました。

私の場合はやむを得ない行動だったわけですが、事前に会議の議長に「心不全の持病があって、実は今日は医者からの指示で利尿剤を飲んでいます。重要な会議のときに申し訳ないのですが、30分に一度はトイレに行かざるを得ません」とでも伝えておけば、先方も「まかりならぬ」とは言えないはずです。当然、「しかたないな」という話になるでしょう。晴れて〝正々堂々の逃げ〟となります。

でも、会議があるたびに利尿剤で逃げるわけにはいかないかもしれません。ですので、もうひとつくらい逃げの手を用意しておくべきでしょう。

その方法をお教えしましょう。

自分の周りに壁というか囲いをつくってしまえばいいのです。つくる場所は、もちろん自分の心の中です。そうすれば、誰が何を言おうが壁に阻まれて自分の心までは届きません。会議室という同じ場所にいても、あなたの心はまるで別世界に逃げているのです。誰にも気づかれずに……。

「逃げ」のなかには、誰からも「あいつは逃げた」とは思われないで、無事に逃げおおせることができるものもあるのです。

「笑ってごまかす」という逃げ方もある

誰かと会うときに、笑顔で迎えてもらうとホッとしますよね。

初対面の人でも、もう何度も会っている人でも、相手が笑顔を浮かべていれば、私たちは安心するのです。

では、どうして笑顔に出会うと安心し、こちらも笑顔を浮かべてしまい、リラックスできるのでしょうか。

それは相手の好意を感じ取るからです。

笑顔で接してくれる人は、少なくともこちらに敵意や悪感情は持っていません。相手が自分に対して好意や好感を持ってくれているというのは、とてもうれしいし安心できることです。

それに加えて、笑顔で、その人の心の様子がわかります。

笑顔を浮かべているということは、その人が明るい気持ちでいるということです。朗らかで機嫌がいいということです。これも大きな安心材料となります。

この笑顔を戦略的に使うというのはどうでしょうか。

たとえば、なかなか心を開いてくれない相手に、笑顔を向けてみる。笑顔は伝染するものです。何度か笑顔を向けているうちに相手の心も和んでくるはずです。要するに笑ってごまかしているわけですが、ヘタな策を練るよりも有効だと思います。

「ごまかし」というのは一種の逃げでもあります。

いわゆる作り笑いでもOKです。不思議なもので、無理にでも笑顔をつくると心が和んでくるのです。当然、それは相手にも伝わります。

鏡に向かって、〝いい作り笑い〟のトレーニングをするのもいいかもしれませんね。

若さを保つなら「もうトシなんだから」は禁句

「年齢を気にする」というのは、じつはどんな年代にもあるように思います。

一般的には50代以降の〝専権事項〟と考えられているようですが、10代の人は20代を目前にして「もうすぐハタチか。時の流れって早いな……」などといった感慨を持つかもしれないし、20代も後半になれば30代を意識し、40代になれば50代を意識し……といった具合に〝年代の壁〟があるのは各世代共通なのです。

そしてそれは70代、80代になるまで延々と続きます。

とくに「先行きがそれほど長くない」と考えている人が多いかもしれない60代以降の人は、「年齢を気にする」ことが多くなるように思います。

そんな人たちのなかには「もうトシなんだから」と、健康診断の数値ばかりを気にして、食事制限をあれこれ設け、その挙句に心が塞ぎ込んでしまうという人は意外に多いようです。

その結果、健康診断の数値は悪くなくても、自他ともに若さや元気が感じられなくなっていくこともあります。

それでは本末転倒というものです。私の経験上、心が元気で気分が明るければ、数値が多少悪くても生活や仕事上は問題ないものです。元気な自分に意を強くして、数値などあまり気にせず、伸び伸びと暮らしたほうがはるかに健康的で、若々しい人生を送ることができます。

数値は多少悪くても、心は健康なのですから、60代以降は年齢をあまり意識せずにすごしたほうが、結果的に長生きできると思います。

また、これといって具合の悪いところもないのに、自分から「もうトシなんだから」と、何事も年相応で考えるのもよくありません。そういう考えの人は得てして、食事だけでなく暮らし方全体に制限を加えたりするので、結果として老いを加速させることになります。

高齢者専門の精神科医の立場から言わせてもらえば、そもそも「もうトシなんだから」と考えること自体が、老人性うつに陥りやすい思考パターンなのです。

「もうトシなんだから」という考えのあとに続くのは「60歳を過ぎたら△△をしてはいけない」とか「70歳になったら○○であるべきだ」という「かくあるべし思考」になる場合が多いからです。

さらに言えば、「トシ」＝「老い」という言葉の使い方もよくありません。「トシ」は「トシ」でしかないのに、自分から「老い」に結びつけてしまっています。

でも、「トシ」というのも単なる年齢以外の何者でもありません。自分から「老い」を早める必要もありません。若く見られる人ほど、いくつになっても元気で、トシのことなど忘れているものです。

トシのことなど、「考えない」「口にしない」。つまり、年齢から逃げる。たったこれだけのことで、アンチエイジングであれこれ試みるよりも若さを保つ効果が得られるかもしれません。

「年齢の壁」から上手に逃げる技術

では、いわゆる高齢者の人が、前述の〝年齢の壁〟からうまく逃げるにはどうしたらいいのでしょうか。

「ちょっとした好奇心」を大事にする。それだけでいいのです。

具体的に言うなら、「さあ、何を食べようかな」とか「ちょっと、外を歩いてこようかな」といった程度の好奇心でＯＫです。

こうした「ちょっとした好奇心」「前向きな気持ち」が、こころの健康の「素」になるからです。心が健康でいる限り、明るい気分を忘れることもありませんし、何よりも毎日の暮らしのなかで老け込んでしまうことはありません。

また、何を食べるにせよ、外出するにせよ、夫婦一緒でもいいし、別々でもいい。60代以降はお互い、そのときの気分に従って生きるのがいちばん。こうした毎日を過ごしていれば、後のことなど考えないですみます。

しかも、人生はまだまだ続きます。

元気でいる限り、そして気持ちの若さも失わない限り、人生には楽しいことがたくさん待ち受けているはずです。

たとえば、思いもしなかった人から「また集まろうか」と声がかかることもあります。その声を聞いただけで、気分はたちまち数十年も若返ってしまったということさえあるでしょう。

「老い」からうまく逃げていれば、なつかしい人たちの集まりに、若々しい気分のままで参加することができます。

そのとき、その顔も、昔と同じ笑顔を浮かべていたらどうでしょう？　あなたもきっと、たちまちいちばん輝いていた時代に戻ることができるでしょう。

「老い」からうまく逃げれば、必要以上に追いかけてこないものです。

「別の人生もある」と常に逃げ道を用意しておく

日本人の心の中には「この道ひと筋」「一本道で歩んできた」といった人へのリスペクトが潜んでいるように思います。たしかに「これしかない！」と脇目もふらずに生きてきた人たちは尊敬に値しますが、だからといってまだまだ先が長い人に、まるで「多様性」を否定するかのように「一本道の生き方」をすすめたり、当の本人がそれをめざしたりするのはいかがなものかと思います。

もし、あなたの車のナビが、一つしかルートを示してくれないタイプのものだとしましょう。

「コノ道シカアリマセン」というアナウンスに従ってドライブした結果、事故で道路が遮断されていたら、立ち往生してしまいませんか。

ですが、ルートをいくつも表示してくれるナビならどうでしょう。ひとつの道路が封鎖されていても、別のルートを使って目的地にたどり着くことができるはずです。

「いい大学に行かないといけない」「大企業や公務員など安定した職業につくべき」「周りから認められるいい人と結婚しないと」といった「正しさ」が行き詰ったときも同様です。

そのとき、いつまでも立ち往生していないで、別のルートに切り替えられるかどうかが重要なのです。つまり、常に一本道ではなく、「そこから逃げる」ことを意識しておく必要があるのです。

たとえば次のような感じです。

「A社で採用されなかったら、B社で働くのもアリかもしれない」

「子供がほしくて不妊治療を続けているけれど、夫婦二人ですごす人生だって楽しいかもしれない」

もちろん、第一志望の会社に受かることや、念願の子供を授かるように頑張るのが悪いと言っているわけではありません。目標や理想、信念を持って努力するのは素晴らしいことです。

でも、残念ながらどんなに頑張ってもそれがかなわない可能性はあります。

そんなときのために「別の人生もある」と別ルートを考えておくことは大切です。代替案を用意しておくということです。

人生で行き詰ったときに、別ルートや代替案という逃げ道があるかどうかで、立ち直り方やその後の生き方が大きく変わってくるのです。

なかには、「そんな逃げるようなことはしたくない」と思う人もいるかもしれません。

そんな方には何度でも申し上げますが、「逃げる」というのは卑怯なことでもズルいことでもなく、生きるために必要な知恵なのです。

また、生真面目な人は、別ルートや代替案を真剣に考えてしまいがちです。それだと、〝本線〟の結論が出ないうちに、気持ちが別ルートや代替案に流れてしまいがちです。ですから、これらのことを考えるのは思いつきでもあやふやでもいいのです。

しっかり頭に入れておくというよりも、あくまでも頭の片隅に置いておく程度でかまいません。

どこで逃げるかを決めておく

令和時代になっても、会社の部署単位の飲み会が続いているようです。そんな飲み会でよくあるのが、二次会だけに留まらず、ズルズルダラダラと三次会、四次会までつき合い、翌日は二日酔いで苦しむというパターンではないでしょうか。

できたら避けたいパターンですね。

では、どうすれば避けられるのでしょう？

それほど難しいことではありません。

一次会だけは出席する、二次会まではつき合うなどと、マイルールを決めておけばいいのです。

要するに「どこで逃げるか」を決めておくということです。そして一度決めたルールはなにがなんでも守る。例外もつくらない。こういったことも必要です。

実は「どこで逃げるかを決めておく」というのは、なにも飲み会でのことに限った話ではありません。

いや、むしろあなたの人生そのものでこそ、とても大事なことだと思います。

やりたい仕事だけをする方法

あなたが今、携わっている仕事が嫌で嫌でたまらないとしましょう。

こんなとき、多くの人は「そのうち慣れるさ」とか「好きな仕事なんて簡単に出合えるものではない」などと心の中で言い訳して、現状のままでいることをよしとしてしまうのではないでしょうか。あるいは、せっかく入れた会社をさっさと辞めてしまう人もいるかもしれません。

そんなときは、会社を辞めるのではなく（これも「逃げる」ではありますが）、今の仕事から逃げることをおすすめします。そして、どうせ逃げるのなら〝賢い逃げ方〟をしたいですね。その方法をお教えしましょう。

なぜ、逃げるのがいいかというと、そのほうが自分のやりたい仕事が回ってくる可能性が高くなるからです。

そのとき、たとえば自分のほうから上司に「私には今の仕事をこなす能力がないようです。別な仕事で会社に貢献したいです」とでも言えば、本当は単に逃げているのに、「こいつは謙虚だけど、なかなか積極的な奴だな」などと評価されるかもしれません。

いじめに遭っているようなときも、それは同様で、さっさと逃げることが最大の防衛策となるでしょう。

苦手なことや嫌なことからは逃げるに限ります。嫌々そこで頑張ってもいいことはないでしょう。

人生で勝っていく人というのは、勝つ能力があるというよりも、勝てる土俵を見つけるのがうまい人だと思います。なんでもかんでもうまくいくなんてことってあり得ないのです。たとえば、あの大谷翔平選手だって、じつは苦手なことはなるべく避けているのかもしれません。

我慢すれば幸せになれるわけではない

いまだに多くの日本人は、「我慢は美徳」と考えているようです。これは日本の間違った教育によって根付いた〝根性論〟によるものです。

学校現場では、我慢することはいいことであると教え、つらい経験を積み重ねていけば、いずれ幸せがやってくると指導します。

しかし、つらいことに耐えた先に、本当に幸せはやってくるのでしょうか。

そもそも、将来のために今を犠牲にする生き方で本当にいいのでしょうか。

たとえば、自分に合わない仕事に就き、我慢して働いていたとしましょう。

あなたはつらいけれど、耐えることが成長につながると信じています。しかし、成績はいっこうに上がりません。

会社は、そういう人をどう評価するでしょうか。

けっして会社は「我慢してよく頑張っている」とは見てくれません。これでは我慢するだけ損ではないでしょうか。

なのに、いいことがひとつもないのに、日本人は我慢することを、いいことをしているととらえてしまいます。

では、自分に合わない職場に見切りをつけ、自分に合う仕事を探して転職したとします。

転職先の仕事が肌に合い、人間関係も良好であれば、仕事はどんどん楽しくなっていくはずです。

そうなれば会社からは評価され、出世への道が開くかもしれません。給料のアップも望めるはずです。

幸せな未来が待っている可能性は十分にあるでしょう。

もちろん、成長し、成績を上げるには我慢を必要とする場面もあります。

つらいなら、すぐに辞めればいいと言っているわけではありません。

問題は苦しさしかないのに我慢することです。得るものが何もないのに、耐える必要があるかどうかも考えてみてください。

我慢をしたら幸せになれるのではありません。

我慢をやめたら、つまり我慢から逃げたら幸せになれるのです。

私はそう信じています。

切り替え上手は逃げ上手

何かにつけてマイナスの感情を引きずってしまう人にとっては、切り替え上手な人は能天気に見えるかもしれません。

「あの人はいいなあ、たいした悩みがなくて」

そう思うと、相手のことが苛立たしくなって、ますます気持ちが沈んでしまうでしょう。

でも、誰でも失敗やミスをするし、傷ついたり、落ち込んだり、怒ったりすることもあるのです。

問題は、そうしたマイナスの感情をずっと引きずってしまうか、それとも気持ちの切り替えができるかです。それは感情との向き合い方にかかっています。切り替えのうまい人は、感情を上手にマネジメントしているのです。

感情のマネジメントといっても、特別にむずかしいことをするわけではありません。

ではは具体的に何をしているのでしょうか?

たとえば、引きずってしまう人は「ポジティブシンキングが有効」と聞くと、何事もポジティブにとらえようと努力しますが、そこを意識しすぎた結果、かえってマイナス思考を呼び寄せてしまうこともあります。

切り替え上手な人は、いきなりポジティブシンキングに変えるような無理はしません。引きずってしまう人と同じように、失敗したら、「自分はなんてダメな奴なんだ」と嘆きます。

しかし、それに続いて、「でも、うまくやってほめられることもあるな。今回は失敗したけど、この間はべつなことでいい結果を得られたよな」と考えるのです。

そう、巧妙な論点ずらしというか、「今回の失敗」から逃げてしまうのです。

多くの場合、引きずってしまう人は、一つのこと、一つの解答にこだわって、視野が狭くなっています。どうしようもない問題にこだわって、それを解決しなければ事態はよくならないと思い込んでいるから、心が折れてしまうのです。

しかし、冷静に見れば、選択肢はたくさんあります。

上司に嫌われていることに悩んでいるなら、無理にその上司に気に入られようとすることは諦めて仕事だけでも認めてもらえるようにするとか、さらに上の上司に認めてもらうとか、あるいは資格を取って転職するとか、選択肢はたくさんあるのです。

このように、自分が「この問題を解決できないから先に進めない、うまくいかない」と思っていることをちょっと脇にどけて、つまりそこから逃げてみると、視界が開けて別の道が見えてくることは案外多いのです。

つまり、切り替え上手な人は、ひとつの視点にこだわらず、そこからスルリと逃げて、物事をいろいろな角度から見ることができる人ということです。

言い換えれば、それは「しっかり考える」ということでもあります。何か心に引っかかる悩み事があると、「ああ、大変なことが起こった。どう頑張っても解決できない」と嘆くだけでなく、この方法がダメなら、こっちの方法はどうだろう、あっちの方法はどうだろうと、いくつもの選択肢を検討してみることが大切なのです。

誤解を招かないために再確認しておくと、「起こってしまった問題」という総論から逃げるのではなく、「一つのこだわり」という各論から逃げ、多くの選択肢を検討するということです。

日頃からそういうことをやっていれば、自然に物事を多面的に見るようになるし、選択肢の引き出しも増えていきます。

そうなっていくと、ちょっとした問題が持ち上がっても、「これがダメでも、あっちがあるから、まあいいや」と一瞬悩んでも、引きずることなく立ち直ることができるでしょう。

うまくいかないことからはさっさと逃げ出す

たった一度の失敗で強い挫折感を味わい、なかなか立ち上がることができない人がいます。

こういう人は一つのやり方にこだわる傾向が強いようです。一つのことにこだわって、それがうまくいかないと、ウジウジといつまでも悩んでしまうのです。

悩むことが人を成長させると言う人もいますが、それは悩みから抜け出したときに初めて意味を持ちます。悩んでいるだけでは、事態は何も変わりません。

では、どうすればいいのでしょう。

うまくいかないときは、自分がこだわるそのやり方を捨て、そこからさっさと逃げ出すべきです。

あるセールスマンは、営業成績が上がらないことに悩んでいました。

とても真面目な性格で、足を棒にして一日歩き回るのですが、思うように成果が得られないのです。

「先生、ぼくには営業の才能がないのでしょうか？」

彼は泣きそうな顔で言います。

「才能がないのではなくて、視野が狭くなっているのではないですか？」

と私は答えました。

そうです、彼はずっと同じやり方を続けていたのです。ほかに売れる方法はないかと模索することはありませんでした。「売れない」ことに悩むあまり、創意工夫をしたり、別の視点から見ることを忘れていたのです。

「一念岩をも通す」ということわざがありますが、それにも限度があります。たいていの場合、うまくいかないことをやり続けても、いい結果は得られません。そんなときは、そこからさっさと逃げ出し、思い切って別の方法を試してみることです。

ゴールへたどり着く道は、一つだけとは限りません。いくつも道はあるはずです。一つがダメなら別の道、それもダメならまた別の道を探せばいいだけのことです。

これまで自分がこだわり続けた道を捨てることに抵抗があるのなら、自分がそこから逃げ出せばいいのです。

初めに選択した一つの道に固執して、その道からゴールにたどり着くことにこだわるから悩んでしまうのです。

こだわってしまうのは、一つにはそれまでの努力が無になってしまうという思いがあるのかもしれませんが、その方法が自分に向かなかったと知るだけでも成果があったというものです。

うまくいかなくて悩み、マイナス感情をため込んでしまうほうが、よほど悪い影響を及ぼすということに気づくべきです。そんな状況からはさっさと逃げ出しましょう。

楽に続けた人間だけが自分の願望をかなえる

決めたことが続かないのは、自分自身を振り返ってみても、周囲を見渡しても、ありがちなことでしょう。その理由としては「苦しいから」「楽しくないから」「意志の問題」という三つが挙げられると思います。

突き詰めてしまえば、「つらいことは続かない」のです。

「つらくても続けた人間だけが自分の願望をかなえる」という考え方もあるようですが、私はそれはウソだと思っています。仕事の場合は会社が植えつけようとしている忠誠心にすぎず、勉強の場合は努力だけに価値を見出そうとしている教師の押しつけにすぎないのではないでしょうか。

ここで勘違いしてほしくないのは、「つらいことは続かない。だからさっさと逃げ出そう」ということであって、仕事も勉強も続かないということではありません。現実に、とくにつらそうな様子を見せずにスイスイとこなして成果を上げている人もいます。そんな人は逃げ出す必要はありません。

まして自分からやってみる気になったダイエットや趣味の学習、新しいチャレンジの世界には仕事のような強制がないのですから、「やらないよりマシ」という程度のリラックスした計画を立てて、つらくない方法を考えれば、継続させることはきっとできるはずです。

つまり、「楽に続けた人間だけが自分の願望をかなえる」という考え方です。このほうがはるかに現実的だし、やってみようという気持ちになるのではないでしょうか。

では、「楽に続ける」ためには、何をどう変えたらいいのでしょう。

まず、「つらいな」と感じたら、量的なものを減らしましょう。〝標的〟は時間や自分に課した一日のノルマ、目標の数値などです。

言ってみれば「各論的に逃げる」のです。たとえば、1週間に3冊の読書が時間的につらいと感じたら、1冊に減らしてみましょう。ダイエットでも、糖分を完全に断つのではなく、「せめて夜は口にしない」と規制を緩めるようにするのです。「それでは計画倒れになってしまう」といった考え方も捨ててください。そもそも目的は何だったのか。読書は本を読んで知的な充実感を味わうためですし、ダイエットは体重を落として今よりスッキリした体を作るためです。

その目的さえ忘れなければいいだけのことで、プロセスを緩めたところで決して計画倒れにはならないでしょう。

おそらく、楽することに抵抗感を持つ人ほど、すぐに計画を変更したり意志の弱そうなやり方に変えたりすることに疑問を感じるかもしれませんが、つらいことを続けてもストレスが蓄積されるだけです。そちらのほうがはるかに心や体に悪影響を与えます。

「楽に続ける」というのは、自分を守りながら目標に近づくことですから、ペースダウンはごく自然なやり方なのです。

「いったん逃げる」という選択肢もある

他者との競争を強く意識している人は、一回の敗北を大きなダメージとしてとらえます。たとえば、昇進試験で不合格になったとき、「もう出世の道は絶たれた」などと絶望的な気持ちになります。

ショックを引きずるあまり、仕事にも身が入らなくなり、思うような成果を残せなくなるでしょう。周囲の評価も低くなるので、ますます不満がつのるという悪循環に陥ってしまうのです。

物事がうまくいかなかったときに気分が落ち込むのは、人間として当然の反応です。ただ、いつまで落ち込んでいても状況は改善しません。

ここは、「自分は自分」と達観して、気持ちを切り替えるべきです。

では、どうしたらうまく気持ちを切り替えられるのでしょうか。

「いったん逃げる」ことがおすすめです。繰り返しますが、「逃げる」はズルいことでもないし、負けを意味するものでもありません。

ここからは心の中での作業となりますが、物事がうまくいかなかったとき、その場に留まっていると、ネガティブな気持ちをいつまでも引きずりがちです。ですのでまず、「その場から逃げる自分」をイメージしましょう。そのうえで、

・「今回は試験に失敗したけれど、次回再挑戦すればいい」
・「頑張っていれば、またチャンスは回ってくるはずだ」

などとリセットして、もう一度目標に向かってやり直します。

重要なのは、何かがうまくいかなかったときに「次善の策」を選ぶことができるかということです。

次善の策というと、妥協の産物のようにとらえる人がいるかもしれません。しかし、私は次善の策を選ぶことにネガティブなイメージを持っていません。次善の策を選んだからといって、目標そのものが閉ざされたわけではないからです。

前述の例でいえば、昇進試験に失敗したからといって、会社でのキャリアそのものが閉ざされたわけではありません。

コツコツ仕事をしていれば、誰かが認めてくれるだろうし、昇進のチャンスはこれから何度となく訪れるはずです。

思うようにいかないとき、希望は捨てずに、いったん逃げて回り道をする。これは十分にポジティブな考え方です。

負け上手は逃げ上手

他者との勝ち負けにこだわらない人は、上手な負け方を知っている人でもあります。「ここは負けてもいい」「逃げても問題ない」という判断ができているからです。

たとえば、取引先とトラブルがあって相手から何らかの要求を突きつけられたとしましょう。

こうした局面では、自らの正当性を主張し続けてもらちが明きません。

そんなときは、相手に譲歩する姿勢を見せて一歩引いたり、適切な「落としどころ」を見つけ、必要ならば頭を下げたりしたほうが、結果的に問題を長引かせず、ダメージを最小限に抑えられるものです。

表面的には損をしているようでも、トータルで考えれば得をすることが多いのです。

いずれにせよ、物事がうまくいかなかったときに、「いったん逃げる」「レベルを下げる」「一部をあきらめる」など柔軟な負け方を意識することが大切です。

周りから「負けたな」と評されても気にすることなどありません。一度負けたからといって、すべてが終わったわけではありません。

チャンスはまだまだあります。負けた地点からもう一度やり直せば、再び目標に近づくことができます。

しんどい気持ちを誰かに話すだけで不安は案外簡単に解決する

精神科医として患者さんに接していると、「もっと早く相談にきてくれたらよかったのに」と思うことがあります。症状が軽いうちに治療を始めることができれば、それだけ早く症状を抑えることができるからです。

みなさんに知っておいていただきたいのは、大きな不安で心が押しつぶされそうだったり、うつ状態でやる気が出なくなったりしたときは、できるだけ早く専門家に相談したほうがよいということです。

不安や悩みは人それぞれで、解決するのは容易でない場合もありますが、それでも専門家から適切なアドバイスを受けることができれば、希望が見えてきます。希望が見えれば、不安な気持ちもいくらか軽減されます。

専門家に相談するほどではない、あるいは専門家に相談するのはハードルが高いと感じるなら、「ただ単に逃げる」という選択肢もあります。とにかく心を空っぽにして何も考えないようにするのです。不安や悩みが解決しなくても、一時的にせよ手放したことで自分の気持ちがずいぶん軽くなっていることもあるはずです。

また、友人や知人などに話してみるのもひとつの方法です。

「不安や悩みをどうもうまく手放せない」と感じたら、一人で抱え込まないこと。一人で抱え込んでいると、どうしても考えが堂々巡りになって、不安がふくらんでしまいます。

それより、他人に自分の思っていること、感じていることを正直にぶちまけて、意見を求めてみると、案外簡単に不安が解消することが少なくありません。

なぜ、人に話すと不安が解消しやすいのでしょうか。

人に話し、意見を求めるというのは、自分とは違う見方や感じ方を知ることです。自分目線の考え方だったところに、別の視点が加わり、客観的に物事を見る機会になるからです。

それまでは、一方的に自分が被害者のように感じてきたことも、友人から見れば、「どっちもどっち」ということになるかもしれません。

また、不安や悩みの原因だと思っていた事柄が、じつは原因でもなんでもなく、単なる勘違いということがわかるかもしれません。

そうやって客観的に不安を見直してみると、案外たいしたことなかったなと気づくケースが非常に多いのです。

愚痴でも告白でも、もちろん悪口でもかまいません。思い切って誰かに話してみましょう。つまらないことに思い悩み、一人で振り回されていた自分が恥ずかしくなったら、不安はどんどん小さくなっていきます。

「勝ち負け」という考え方から逃げてみる

物事を「勝ち負け」で判断する人は少なくありません。他人と比較し、自分は勝っているかどうかをつねに気にします。

こういう人は、勝っている間はいいのですが、一転、負けるとそのぶん大きなダメージを受けます。

たとえば、現在は年収も高く、出世頭のAさんと、いまのところ年収が低く、仕事の成績がもうひとつのBさんがいたとしましょう。

Aさん、Bさんとも勝ち負けにこだわる性格で、互いをライバル視していたとします。

現在のところAさんはいわゆる勝ち組であるので、気持ちは明るい。かたやBさんは負け組なので、気分は落ち込んでいます。

しかし、この状態はお互いにずっと続くものではないでしょう。

Aさんが仕事で失敗をしてそのポジションを失えば、気持ちも大いに沈むはずです。これまでのように、気分よくいるには勝ち続けなければなりません。

一方、Bさんが成果を出して出世したら、そのときは気分がいいでしょう。しかし、先の状態に戻らないようにするには勝ち続けなければなりません。

どちらにしろ、安心はできないのです。

勝ち負けにこだわると、つねに一喜一憂することになり、いつまでたっても気は休まらないでしょう。

それなら、他人のことは意識せずに目の前の仕事に邁進したほうが能率も上がるし、成果も出るでしょう。「勝ち負け」にこだわっても何も生まれません。お互い疲弊するだけです。「勝ち負け」からは逃げることをおすすめします。

日頃のイライラから逃れるには自分のペースを崩さないこと

一人ひとりの人間には、その人のリズムや人生観があります。もちろん、あなたにもあるし、相手にもあります。世の中がどんなにスピード感を謳っても、このリズムというのは揺るぎません。

したがって、「なんだか毎日がせわしなくて疲れるなあ」と感じるようなときには、自分のリズムが乱れている可能性があります。必要以上に「早く早く」と自分を追い立てて、イライラしているのかもしれません。

イライラするとどうなるでしょうか。

気持ちがどんなに焦っても現実は何も変わりません。自分だけがただイラついて、周囲に腹を立てることになります。

つまらないことで他人や身近な人に当たり散らしたりすることもあるでしょうか

ら、人間関係だって悪くなります。

それだけではありません。

些細なことでイライラする人は、たとえば誰かと食事をしたりお茶を飲んだりするようなリラックスできる時間をのんびり楽しむことができません。

日常生活のありふれた時間をくつろいで過ごせないと、生活全般に余裕がなくなってしまいます。

ましてある程度の年齢に達すると、効率や成果を求めて急ぐ必要はなくなりますから、日々の暮らしを楽しんだり、誰かと過ごす時間をいい時間にしたりすることがより大切になります。

そういうとき、気長な気持ちになるだけで心は落ち着くし、言葉のやりとりもおだやかになってきます。目の前においしい料理があればゆっくりと味わうことができるし、きれいな風景が広がっていればそれを楽しむことができるし、相手の言葉にもじっくりと耳を傾けることができます。

イライラしないためには、とにかく自分のペースを乱さずに守ることです。

それによって、やりたくてもできないことも出てくるかもしれませんが、そんな場合は「それはじつは本当はやりたくなかったのだ。だから、わざとゆったり過ごしてそこから逃げたのだ」とでも思うことです。

そうすれば、何かに追われてイライラするような気分はきれいに消えていくでしょう。

笑顔をつくるだけで抱えている悩みから逃げられる

抱えている悩みやコンプレックスから逃げる簡単な方法があります。

「もう悩むのはやめよう」「（コンプレックスを）気にするのはやめよう」と思うだけでは、かえってそれを意識して、逆にそれらにがんじがらめにされてしまうかもしれません。

そうならないためには、ある行動というか動作をすることです。

それは何だと思いますか？

笑顔です。笑顔をつくるだけでいいのです。

あなたは、つらいイメージばかり思い浮かべているので、心の底から湧き立つニッコリした笑顔をつくれなくなっていませんか。

でも、つらいときほど笑顔を見せるようにしたいものです。

心理学には、行動が感情を生み出すという考え方があります。悲しいから泣くのではなく、泣くから悲しくなるという考え方です。

この考え方にならえば、笑顔でいれば楽しい気持ちになるということになります。マイナス感情を引きずっていても、無理やりにでも笑顔をつくっていれば、引っかかっている重たい気持ちから逃げることができるのです。

でも、気分が重たいときに笑顔になるというのも簡単ではないかもしれません。まず手始めに、つくり笑顔でもかまわないので、笑顔とともに「おはようございます」「こんにちは」「ありがとうございました」と挨拶してみるのです。

笑顔で挨拶をすれば、相手はいい気分になります。それで相手も笑顔で挨拶を返してくれるでしょう。相手に笑顔を返されたら、こちらもいい気分になります。

笑顔の挨拶ひとつで、どちらも気分がよくなるのですから、やらない手はないでしょう。

コンプレックスや悩みを引きずってきた心は、暗く閉ざされています。暗く閉ざされた心の扉を開けるのは、にこやかな笑顔です。

あなたが笑顔になれば、周りも笑顔になります。周りが笑顔になれば、あなたももっと楽しくなります。楽しくなれば、いつの間にか悩みやコンプレックスは吹き飛んでいるかもしれません。

こんな〝正のスパイラル〟を見逃す手はありません。

第3章　「逃げられないこと」からどう逃げるか

苦しい受験勉強からは逃げるべし

先ほどもお話ししたように、私は今から40年近く前に『受験は要領』（ＰＨＰ研究所）という本を書きました。数学など、できない問題を3時間も考えるなんて無駄そのもの。5分考えてわからなかったら、答えを覚えてしまおう、といった趣旨の本です。要するに受験勉強と正々堂々と向き合うことから逃げてしまいましょうということです。

じつは、そのほうが解法のストックが増えるので数学力がつきますし、合格する可能性が高まるのです。化学の実験なんて時間の無駄だから、そこは昼寝タイムにすべしといったことも書きました。

そうしたら、「勉強というのはそんなに甘くない」とか「基本を理解して自分の頭で考えなければ本当の力はつかない」などとボロクソに叩かれました。

不思議なことに本はよく売れ、一定の支持も得ることができましたが、私自身、「あまりに楽なやり方を強調しすぎたかな」と反省するところもありました。

しかし、最近になってまた考え直すようになりました。

「ああいう勉強本にはそれなりの価値がある」と思えるようになってきたのです。楽な方法をまず考えるというのは、たとえ受験勉強の世界でも間違っていないはずだからです。それによってメンタルを壊さないで済む受験生が増えるからです。また、そう考えることで身につけた、その発想が将来役に立ちます。

少なくとも、頭ごなしに「楽はいけない」と決めつけて、ひたすら苦しい努力だけを強いられている受験生よりも勉強のやり方を工夫する気になるはずです。

苦しい努力だけを強いる受験勉強から逃げて、自分にとって楽な勉強のしかた、成績の上がる方法を考えるというのは、少しも邪道ではなく、むしろ脳にはうれしい選択なのではないでしょうか。もちろん、これは大人になってからも役立ちます。

介護からはこう逃げたらいい

自分の受験生時代の話をさせてもらいます。

私は受験生のとき、成績が悪いところから這い上がるということと、とにかく映画を限りなくたくさん観たいということがあって、少しでもコスパのいい勉強をしようと考えました。

そのときの実感ですが、人間というのは、楽をしようと思えば、なにかしらの工夫をしようと考えるものなのですね。そうするといろいろな方策が見つかります。

今日的なテーマでいうなら、介護で苦しんでいる人がいるとしましょう。だからといって、介護というのは投げ出すわけにはいきません。

では、そのまま苦しみ続けるしかないのか。

そうではありません。介護そのものから逃げ出すことはできないかもしれませんが、今行っている介護のやり方からは逃げることができるのです。

そのためには、どうやったら楽に介護ができるのだろうと考えることです。徹底的に考えれば、施設をどう探せばいいのかとか、どうしたら介護保険を上手に使えるかとか、いろいろとアイデアが浮かんでくるでしょう。

楽をしようとすることは決して悪いことではありません。楽をしようとすることで、いろいろな工夫が浮かんでくるのです。

とにかく二つ道があるとしたら、絶対楽なほうを選ばないといけないと思っています。

私に言わせると、頭が悪い人というのは、勉強ができないとか、仕事ができないとかではありません。楽な方法があるのにそれが使えない人です。そういう人こそいちばん頭が悪いと思っています。

AIから逃げるのはどうなのか

利用できるものはなんでも利用するというのも私の考えの中心にあります。

たとえばAI。多くの人がAIを使ったり、AIに頼ったりすることにためらいがあるように思います。AIを使うと、みんなからズルしていると見られる。あるいは性格が悪いと思われる。それが嫌でAIを使うのをためらっている、つまりAIから逃げているのです。

でも、楽をしていいパフォーマンスをするというのは、性格が悪いわけでもズルでもなんでもなく、人間の本能に従っているだけです。ところが、多くの人はそれができないのです。

実際、「企画書をＡＩでつくりましたとは言いにくいです」という人が少なからずいるようです。どうしてかというと、「きみはそんな手抜きをしているのか」とか、「そんなことしたら実力つかないよ」とか言われてしまうからです。

でも、実力がつくかつかないかというのはじつは数で決まるものなのです。それは１０００本ノックの時代から変わりません。ですから、自分の頭で10本しかコピーを考えられない人よりも、ＡＩを使ってでも１０００本コピーを考える人のほうが絶対実力がつきます。ＡＩから逃げる必要はないのです。

受験生の頃、私たちはよく言われたものです。

「数学の解法を暗記しているようでは考える力がつかない」と。

だけど、考える力というのは、実は解法をたくさん知っている人のほうがつくのです。将棋を見るとそれがよくわかります。棋譜をたくさん覚えて、定跡を数多く知っている人、研究している人のほうが考える力はつくのです。藤井聡太八冠（現七冠）

は、検討や研究にＡＩを駆使していると言われています。

適応障害は「逃げる」ことでしか解決できない

雅子皇后がそう診断されたことで多くの人の知るところになったのが適応障害という疾患です。

適応障害というのは、職場や学校の環境が自分に合わないとか、仕事や勉強がプレッシャーになるなどが原因で、次のような症状が現れるストレス性の障害です。

・憂うつな気持ちになる
・不安感が強くなる
・涙もろくなる
・過剰に心配する
・眠れなくなる

会社や学校に行くと心や体の調子が悪くなり、うつ病のような症状が現れますが、家に帰ればケロッとしているので、一時期は「新型うつ」などと呼ばれました。

こうした症状が出た場合、精神科医は「物の見方を変えましょう」「自分に合ったストレス解消法を考えましょう」などとアドバイスをしますが、それだけではうまくいかない場合もあるでしょう。

そんなときはどうしたらいいのでしょうか。

その場から「逃げる」ことをおすすめします。いや、適応障害は、アドバイスの効果がなかったときは、逃げることでしか解決できないのです。

会社に行くことがつらいなら、「会社を辞める」とか「別の部署に異動願いを出す」といったことも選択肢に入れるということです。

「いじめ」でつらい思いをしているのなら、違う学校に「転校」することも視野に入れる必要があるでしょう。

つまり、今いる環境にいるのがつらいのなら、無理して我慢せずに他の環境を探す、ということです。

多くの日本人は、この「逃げる」という選択肢を敬遠しがちです。

欧米の人は収入や環境面で不満があれば、すぐに転職を決意しますが、「はじめに」でも述べたように日本人は「逃げる」という選択を「汚いこと」とか「卑怯な手段」と考えている人が少なくないようです。

「逃げる」という選択を「卑怯な手段」と考えているから、転職という道を選ぼうとはせず、上司に異動願いを出すこともありません。だからでしょうか、厚生労働省によると、大学新卒者の就職後3年以内離職率はここ30年、30％台とほとんど変わっていません。

これだけ転職が一般的になった時代でも、多くの人が「じっと我慢」する道を選択して、結果的に心身に支障をきたしているのです。

「逃げる」というのは、汚いことでも卑怯なことでもなく、あなたを守る手段であると認識しておく必要があるのではないでしょうか。

もしもあなたが文書改ざんを命じられたら

２０１８年に発覚した学校法人森友学園への国有地売却を巡る文書改ざん問題。改ざんを命じられた近畿財務局職員だった赤木俊夫《あかぎとしお》さんが自死に追い込まれたこともあって、いまだに多くの人の記憶に残るところでしょう。

もしもあなたが文書改ざんを命じられたら、どう対応しますか？

私はここでも「逃げること」をおすすめします。それがあなたを楽にするからです。

世間的には、ズルをしたり楽をしたりするのは、いけないことのように思われていますが、何かをする方法が二つあるとしたら、楽なほうを選ぶというのが私には信念としてあります。そうしたほうがメンタルも身体も壊れないからです。

それに楽なやり方を探すからこそ工夫も生まれるわけで、受験勉強であろうと、仕事であろうと、介護であろうと、楽な方法は絶対あると考えています。当然、「逃げること」もそのひとつです。

逃げることができなかった赤木さんは気の毒としか言いようがありませんが、あなたが文書やデータの改ざんを命じられたら、まず「逃げること」をおすすめします。体調が悪いと言って、改ざんの命令が終わるまで休むとか、どんな形でもその仕事から逃げるのです。そうすれば、少なくとも死を選ぶことにはならないと信じています。

コロナ禍だからこそできた最高の逃げ方

新型コロナウイルスは日本でも猛威を振るいました。そのあおりで多くの企業が倒産するなどさんざんでしたが、コロナ禍でたったひとつだけよかったことがあるとすれば、逃げるのが簡単だったことです。

たとえば、気の進まない飲み会があったとしましょう。

通常時にキャンセルすると、「自分の都合、最優先なんだから」「勝手な人だな」など、何を言われるかわかったものではありません。ところが、コロナが蔓延しているときに、「発熱したので」「ＰＣＲ検査を受けたら陽性だったので」とでも言えば、一発でみなが納得したものです。

お店なども、当日キャンセルでも、キャンセル料はいっさい取りませんでした。それはそうですよね。「コロナに感染したけどなんとか行きますので」とか言われたら、いい迷惑ですから。コロナ禍のときはとにかく約束をキャンセルするのが楽でした。

要するに楽々と逃げられたのです。

キャンセルの理由に「コロナ」を挙げた人たちの半数くらいは、口実だったと私はにらんでいます。

計算高い人は逃げる計算ができる人

日本には「やり遂げる美学」みたいなものがあるように思います。

たとえば、マラソンの序盤で足を痛めた人がその足を引きずりながら何時間もかけて最後まで走り遂げたことが、褒め称えられたりします。

その人が最初から完走を目標としているのなら、それも有りかもしれませんが、優勝をめざしているのなら、それが難しいと判断できた時点でレースをやめる、つまりレースから逃げてしまうのも悪くない選択だと思います。いや、私はむしろこちらをおすすめしたい。そのほうが体のダメージも少なくてすみます。走り続けていたら、当分の間、練習さえできないぐらいのダメージが残るかもしれません。

それなのに歯を食いしばって走り続けようとする……。いい意味で計算高い人＝逃げる計算ができる人がもっと多くなってもいいと思います。

受験勉強でもそれは同じで、頑張ってもなかなか成績が上がらない場合は、とりあえず今のやり方から逃げてみることです。

そんなとき、「まだ努力が足りないんだ」と頑張る人が少なからずいますが、その場に留まっての下手な努力は自分から自信を奪うだけです。そのまま勉強を続けていても「自分は頭が悪いんだ」という思いが強くなるだけです。努力が無駄になるばかりか、自信まで失ってしまう……。

実際は頑張りが足りないのではなく、今のやり方が悪いのです。まずはそこを変えてみないことには何も始まりません。そこから逃げないことには何も始まらないのです。

ひとまず休む、という発想が大切

「逃げるが勝ち」という諺《ことわざ》があります。

無駄な戦いや愚かな争いを避けて逃げたほうが、結果的に勝利や利益を得られるという意味です。

この言葉は、ビジネスの現場にも当てはまります。

会社に行きたくないのに、その気持ちに逆らうのはよくありません。無理をしてでも会社に行くというのは、心と体が発する危険信号を無視した行動に他なりません。赤信号を無視したら、事故が待ち受けることになります。

そうならないためには、逃げることです。

逃げることで事故は回避できるし、新たな道が開けることもあり、結果的に自分の得となるのです。

ただし、ここでいう「逃げる」は、自分勝手に会社を辞めることではありません。ルールやモラルに則って、ひとまず休む、部署の異動を申し出る、転職する、といった意味合いです。

たとえば、転職サイトに登録するのもその一歩になります。何かアクションを起こすだけで、気持ちは軽くなるものです。

適応障害においても、逃げることが数少ない治療法のひとつです。ストレスの要因となっている事柄を回避することで、症状は改善に向かうのです。

でも、「自分は逃げられない」という人もいるでしょう。そういう人の多くは、逃げることをマイナスにとらえています。後ろめたい、汚い、卑怯だ、だから逃げるなんてできないというロジックです。

でも、ちょっと考えてみてください。

年功序列、終身雇用の時代なら、逃げずに我慢することが正解といえるかもしれません。我慢に見合う見返りとして昇給や昇進、定年までの雇用が約束されていたからです。

しかし、今日この頃、我慢に見合う見返りはどこにもありません。見返りどころか、我慢して心の病を患ったらリストラの対象となるなど、損をするだけではないでしょうか。

とするなら、「逃げる」という選択は間違いではないはずです。自分の身を守る正しい選択といえるでしょう。

逃げられる老い・逃げられない老い

老いからは逃げるべきなのか（老いと闘うべきなのか）、あるいは甘んじて受け入れるべきなのか。議論の分かれるところでしょうが、間違いなくいえることは定年後が長くなったということです。

１９５５年、日本人の平均寿命は男性63・60歳、女性67・75歳でした。それが２０２２年には男性81・05歳、女性87・09歳になりました。約70年で男女共20歳近く伸びたのです。

一方、定年のほうは、１９５５年は55歳が主流でした。現在は70歳が努力義務とされていますが、主流は65歳でしょう。かつては仕事を辞めて10年するかしないかで死ねたのに、今日では定年後も20年前後時間が残されているのです。

つまり、老いから逃げるか、老いと闘うかしないと、余生があまりにも長すぎるということです。ですから若づくりしようが若ぶろうがいいと思いますが、ひとつだけ知っておいてほしいことがあります。

それはなんだと思いますか?

世の中には、逃げられることと逃げられないことがある、ということです。逃げられないことから逃げようとすると、ものすごく苦しむことになってしまいます。

たとえば、認知症からは逃げたくても逃げられません。85歳になったら4割の人がかかります。認知症の前兆ともいうべき脳の変化はすべての高齢者に起こります。また、動脈硬化なども実質的にすべての高齢者に起こります。

こうしたことが起こるのは運命のようなものですから、来たら来たで受け入れるしかありません。

もちろん、闘うなといっているわけではありません。できる限りの手は打つ。たとえば、介護保険をどう使うかも考えるべきでしょう。

やるだけやって、それでも避けられない状況になったら、ジタバタせずに甘んじて受け入れるということです。

一方、アンチエイジングの範疇に入るのでしょうが、シワをのばしたり、髪が抜けるのを防いだりといったことは、ある程度は可能だと思います。
抗うことが可能な〝老いの兆候〟からはどんどん逃げましょう。

つらい努力は空しい努力

今日ではほとんど死語でしょうが、現在70歳前後の世代の間ではかつて「四当五落」という言葉がまるで金言のようにまかり通っていました。

その意味は、受験勉強において、睡眠が4時間なら合格、5時間なら不合格というものです。

たった4時間の睡眠で長い長い受験の季節を乗り切るなんて、どう考えても無理です。脳にも体にもいいはずがありません。睡眠不足で日中は頭がボーッとしていますから、授業にも集中できないでしょう。

けれども、大学受験が今よりもはるかに厳しかった時代ですから、睡眠時間を削ってでもとにかく勉強しなければ、志望校には合格できないと思い込んでいる受験生が少なからずいたのです。

そういう受験生は、成績が伸びないと、「もっと頑張らないと」と考えます。頑張ってもダメなら、「もっともっと頑張らないと」と考えます。どんどん自分を追い込んでいきますから、ものすごくつらかったはずです。

それでも無事に合格できたらまだいいのですが、もし不合格になったら、おそらくその受験生は「あんなに頑張ってもダメなのか」と受け止めることで、自己否定をするかもしれません。「わたしはなんの能力もない人間なのだ」と自信を失くしてしまう可能性もあります。

たとえ合格しても、「あんな苦しい思いはもうしたくない」と考えるでしょう。あるいは努力のリバウンドが来て、大学に入っても何もやる気がしないまま、遊ぶでもなく好きなことに熱中するでもなく、ただ漫然とした時間を過ごすかもしれません。

実際は、当時の東大の合格者の平均睡眠時間は8・5時間でした。上手に苦しみから逃げた人のほうが合格しているのです。

運よく4時間睡眠で東大に入れたとしても社会に出たときにも、苦しい努力を自分に強いるかもしれません。「受験だって頑張って乗り切れたのだから、どんなにつらい仕事でも頑張りさえすれば乗り切れるはず」と思い込み、結局また、同じようなハードワークを自分に課すかもしれません。

つまり、つらい努力は、それが実っても実らなくてもいい結果は生まれないということです。

実れば、つらい努力を延々と繰り返すだけになり、実らなければ、自己否定することになるとしたら、ただ空しいだけの努力になってしまうのです。

そんな努力からは逃げ出すに限ります。

「苦手な仕事」からうまく逃げるにはできることを買って出ること

仕事ができる、できない、ということがよく言われます。「あの人はできる」とか「あいつはぜんぜんできない」などと、「できる・できない」というのは、今や日常的に使われる言葉になっているようです。

では、「仕事ができる人」と「できない人」のいちばんの違いは何なのでしょうか。
私がいろいろな仕事で接してきた「できる人」に共通している特徴は、「自分の能力特性の分析」がうまいということです。

まず、自分は何が得意で、何が不得手なのかをわかっています。もちろん、オールマイティにあらゆる仕事をこなすエリートもいるでしょうが、たいていの人は「仕事の得手・不得手」があります。そのうえで、「得意な仕事」を積極的にこなし、「不得手な仕事」からは上手に逃げている人が、じつは「仕事ができる人」と評価されるのではないでしょうか。

できないことからは上手に逃げるというと、ズルいように聞こえるかもしれませんが、それが「仕事ができる人」になるいちばんのコツなのです。

できないことを無理に引き受けてしまうと、当然、結果も伴わないので、「できない奴だ」という評価をされてしまいます。

たとえば、新しい企画に際して、プロジェクトチームが5人で編成されたとしましょう。そのときに当然、仕事の分担をすることになります。キミには市場調査を任せた、キミには何々を任せたという話になる前に、「この仕事だったら、まず市場調査が大事ですよね。それを私のほうでやらせてもらいます」と自分が得意な仕事を買って出るようにするのです。

自分は統計についてはしっかりと学んだことがある、この市場調査についてとは人脈がある、などと自分の能力特性がちゃんとわかっていれば、いい結果を出しやすい仕事を人に先んじて得ることができるというわけです。

「人脈がある」ということについても大げさに考える必要はありません。女性向けの商品開発だったら、いろいろと意見を聞かせてくれる女友だちがいっぱいいるというだけで十分な人脈だといえます。

どの仕事が簡単そうで、どの仕事がむずかしそうかということとは別に、自分の得意なことを仕事にするほうがいいでしょう。

たとえば、「商品企画を考える」というようなものは、一見、簡単そうで花形の仕事に見えますが、うまく思いつくことができなければ、悲惨なことになります。

それよりは、自分に統計学の素養があるような場合は、一見地味な仕事であっても、市場調査から入っていくのがいちばん賢いといえるでしょう。

問題は、自分は何ができて、何ができないかという能力特性の分析ができているか、あるいは仕事を提示されたときに自分に向いたものかどうかの判断ができるかどうかです。その分析ができていないと、「キミはこれをしなさい」と言われて、「私にはできません」と答えてしまうか、一生懸命頑張っても、いい結果が出ないで終わってしまうことのほうが多いのです。

「これはできません」というのは、本来は自分の能力特性がわかっているという意味で、評価されるべきなのですが、日本という風土には合わないようで、こういう人は好かれません。日本の社会では、できることとできないことがはっきりしている人間は好かれないという現実がある以上、「できません」と答えるのは得策ではありません。

かといって、できない仕事を引き受けてしまうと、無能の烙印を押されかねません。

「できません」と答えることなく、上手に苦手な仕事から逃げるいちばんいい方法は、できる仕事を積極的に買って出ることなのです。

結果から逃げ、「楽しいから続ける」でいい

ある程度の年齢になると、「今から始めても……」と思うことが増えてきます。

でも、そう思ういちばんの理由は、高いレベルをめざそうとするからでしょう。「今さら初心者に混じって習うなんてみっともない」とか「若い頃に比べれば、覚えも悪くなっているし、体だって昔のようには動かない」などと考えて、新しいことを始めたり習ったりするのをどうしてもためらってしまいます。

でも、そう考えてしまうと、ふと「面白そうだな」とか「やってみたいな」と思うことがあっても、「やめておこう、恥をかくだけだ」などと自分からセーブすることになります。

こうした傾向は、私の見るところ、女性より男性のほうが強いようです。男性はどうしてもプライドや面子にこだわるからでしょう。

女性は、たとえば70歳を過ぎてユーチューブを始めたり、絵を習ったり俳句を習っ

たり、大学の公開講座に通って諦めていた勉強を始めたりといったことをわりと気楽に始めます。「楽しいから」という理由がいちばんで、とくに高いレベルにこだわっているわけでもありません。

でも、「楽しいから」という動機は強いです。夢中になって続けているうちに、どんどんレベルアップしていく例は多くあります。

ふと興味を持った世界に気軽に一歩踏み込んでみるというのは、好奇心に揺り動かされる生き方になりますが、高齢になっても好奇心を失わない人は、年齢に関係なく人生を楽しむことができます。

どうしてそうできるかというと、性急に結果や成果を求めないからでしょう。「好きなことを続けられるだけでうれしい」「好きなことができるというだけで幸せ」という気長な人生観の賜物ですね。

「結果を出さなくては」とか「高いレベルに達しないと」といった性急な人生観は、逆に多くのものを諦めさせてしまうだけのような気がします。

そうならないためには、結果を気にしない、つまり結果から逃げるというのも、ひとつの方法だと思います。

第4章　「逃げてはいけないとき」はあるのか

「見た目」「外見」から逃げなければ老化防止になる

お洒落をして街に出かけるだけで、なんとなく心が浮き立つような気分になるのは、よく経験することではないでしょうか。

スーツを着てネクタイを締めると心が引き締まるという男性や、メイクをすると気分が前向きになるという女性はたくさんいます。

反対に、日曜日などに一日中パジャマのままゴロゴロして家ですごすと、リラックスを通り越してかえって体調を崩したりします。

このように、人の心のありようは、内面から湧き出るというよりも、外側から規定されるものだという考え方が、現代の行動療法や認知科学の世界では強まってきています。

行動によって人間の心のありようは変わり、体の状態も変わります。ということは心が浮き立つような行動をすれば、自然に脳や身体の調子もよくなるわけです。

「見た目」「外見」からも逃げずによくしようと取り組むのも、そういった行動のひとつです。

たとえば、少し若めの格好をしていると、気分まで若返ります。

逆に「見るからにおじさん」「いかにもおばさん」という格好をしていると、心まで「おじさん」「おばさん」になってしまいます。

不思議なことですが、そのように自己規定していると、姿勢や仕草、表情なども年齢以上になります。さらには体形までずんぐりむっくりしてきたり、肌がくすんできたりするのです。

「形から入る」という言葉がありますが、老化予防はまさにそれです。ですから「見た目」「外見」からも逃げずに取り組むことをおすすめしているのです。

ホルモンや前頭葉の機能は、心のありようで大きく変わります。心が浮き浮きしていると、ホルモンの分泌や前頭葉の働きは活発になりますが、どんより沈んでいると、停滞します。若く見られたいという気持ちは、想像以上に大切です。

超高齢社会になって、くすんだ色合いのしょぼくれた老人ばかりが目立つようになってはまずいことになります。

趣味でも服装でも、美容や化粧でもなんでもいいので、形や見た目から若返れば、心・脳・身体も若返ります。これがアンチエイジングの第一歩です。

アクティブな生き方を大事にして、見た目も若く保つことを心がけてください。

「逃げること」ができないのは自分に自信がないから

「かくあるべし」という理想、「～でなくてはならない」という「正しさ」にこだわる人は、実は自分に自信がない人なのかもしれません。

「粘り強く理想や正しさを持ち続けているのだから、むしろ自分に自信があるのでは？」と思う人もいるでしょう。

しかし、実際は逆なのです。自分に自信がないからこそ、「これまで信じてきた理想や正しさから逃げてもやっていける」とは考えられないのです。

だからこそ、自分の理想や正しさに固執してしまうともいえるでしょう。

たとえば、東京大学合格をめざして5年も6年も浪人している人がいるとしましょう。浪人を続けること自体は悪いことだとは思いませんが、もし自分に自信があれば、他の大学に行って社会で活躍できるように頑張ろうという選択肢だってあるはずです。

自分に自信がないからこそ、「東大出身」という肩書を手に入れることに固執し続け、東大を受験し続けることから逃げることができないのではないでしょうか。

こうした自分の「正しさ」が通用しないときに大切なのは、「しかたがない」とあきらめることです。あきらめることで、別の豊かな人生が開けてくるということもよくあります。

「生きる力」は、生きることでしか身につきません。

自分でつくってしまった「～でなくてはいけない」に固執して逃げることができずに人生を停滞させるより、あきらめて別の人生を生きるのも大切なことです。逃げること、あきらめることで初めて見えてくる景色もあるのです。

あなたは、今までの人生であきらめた願望がいくつありますか。

希望した学校、入りたかった会社、結婚したかった相手、住みたかった家、めざしていた役職、親や子供にしてあげたかったこと……。

大なり小なり、あきらめたことがいくつかあるのではないでしょうか。

「この学校に入るべき」「この会社で働くべき」「こんな相手と結婚すべき」など、「〜すべき」を持っていても、それが叶わないことは人生で何度もあるはずです。

つまり、人生とはあきらめの連続なのです。

「あきらめる」というと、悪いイメージを持つ人も多いかもしれません。

「すぐにあきらめてはいけません」

「目標を決めたら、あきらめずに頑張りましょう」

などと、子供の頃から家庭や学校で教わってきた影響もあるのかもしれません。

「あきらめる」は、とかく悪いことのように感じられがちですが、私はあきらめることこそが人生を気持ちよく生きるために必要なことだと思っています。

「あきらめる」ことは、自分の失敗を受け入れ、自分を変えるためのファースト・ステップなのです。そして「逃げる」ことは、新しい人生を手っ取り早く実現させるために必要なことなのです。

私は高校2年生の春に、ある映画を観たことをきっかけに映画監督を志しました。

ところが、その年に、大手の映画会社のうち唯一助監督試験を行っていた日活がそれをやめると発表しました。大学を出て試験を受け、映画の助監督になり映画監督になるという王道が断たれてしまったのです。

それをあきらめて映画を撮るにはどうしたらいいかを、あれこれ考えました。

その当時、さまざまな自主映画の名作が作られていたこともあって、自分でお金を作って映画を撮ろうと今度は考えました。そのために、収入も多く、映画を撮るために仕事をやめてもまた雇ってもらえそうな医者の道を選ぶことにしました。

そして、受験勉強法を工夫して医学部に合格したのです。

東大の医学部時代も、バイトにあけくれ、自主映画を撮ろうとしましたが、段取りが悪く借金だけが残り、当分は映画監督の道をあきらめ、医者として生きていこうと思いました。

医者になってからも、学生時代にバイトにあけくれていたツケで、とても周りの医者に勝てそうもありません。だから医局に残って教授をめざす道をあきらめ、別の世界で成功をめざすために老年医学の道に入るという選択をしました。

このようにして私も、いろいろな場面で「あきらめる」ことを選び、他の道に「逃げる」ことをしてきたのです。そうやって、世間の荒波にもまれているうちに、しなやかな自信を持てるようになった気がします。

ちなみに「あきらめる」を漢字で書くと「諦める」となります。この「諦」には、「物事を明らかにする」といった意味合いがあります。つまり、もともと「あきらめる」にはネガティブな意味はなかったのです。

「断る」と「逃げる」はどう違うのか

「断る」と「逃げる」は似て非なるものです。

日本という国では、断ると角が立つことが少なからずあります。だから私は「逃げること」をすすめているのです。

この二つがどう違うのかわかりますか。

たとえば、あなたが会社の飲み会で二次会に誘われたとしましょう。その際、「行きません」とか「行けません」などというのが「断る」です。本人にそういう気がなくても、どうしても相手を拒絶するような断固たる調子になってしまいがちです。

こうまで断言されてしまったら、声をかけたほうは、二の句が継げないというか、気安く「どうして?」とは聞きづらいでしょう。幹事としてのメンツは丸つぶれ。「次からは声をかけるのをやめようか」となっても不思議ではありません。


ところが「逃げる」なら、相手のメンツをつぶすことはありません。たとえば、こんな調子です。

「大学生時代に、お酒を飲みすぎて急性アルコール中毒を起こしてしまい、救急車で運ばれたことがあるんです。なのでそれ以来、迷惑をかけるといけないので、二次会は、行きたいけど行かないことにしてるんです」

とでも言えば、相手も納得。気まずい空気は流れません。

「逃げる」には相手とぶつからずに、うまくかわす効用もあるのです。

「逃げる」は相手を傷つけない

「逃げる」と「断る」の違いを前項とは別の例を使って、もう一度説明しておきましょう。たとえば、あなたが交際を申し込んで断られたとしましょう。あくまで「たとえば」ですからね（笑）。そのとき、こう言われたらどうでしょう。

「まだ気持ちの整理がつかないから、友だちのままでいませんか」

要するにイエスかノーかといえば、「ノー」と言われているわけですが、「お断りします！」と言われるのとでは、受けるダメージがずいぶん違うのではないでしょうか。あなたはフラれたとは思えないでしょう。

「友だちとしてでも、あなたと会っているだけで幸せだから、またお茶でも飲みましょう」

とでも言えば、関係がプッツリと切れてしまうことはないでしょう。

そうこうしているうちに相手の気持ちがあなたにより傾くことだってあるかもしれないと期待が残ることもあるでしょう。要するに「逃げる」には、相手を傷つけない側面もあるのです。

「微笑みうつ」という逃げ

一時期、「微笑みうつ」が話題になりました。これは病名ではありません。本人は精神的にかなりしんどいはずなのに、とくに職場ではそれを見せずにニコニコして仕事に励むというものです。

微笑みうつが浮上した背景には、以前よりも改善されたとはいえ日本にはうつ病に対する偏見が多く、本人も、ギリギリのところにきているということを隠したがります。なので、「微笑み」という仮面をかぶっているわけです。言ってみれば、本人にその気があるなしにかかわらず笑ってごまかしているのです。

これも一種の「逃げ」なのではないでしょうか。

「微笑みうつ」は、「逆適応障害」の症状のひとつだと私は考えています。

逆適応障害というのは、私が考え出した概念です。適応障害は、職場にいるときは調子が悪いというのがその典型的な症状ですが、逆適応障害はその逆で、職場では明るく元気に振る舞い、家に帰るとどっと落ち込んでしまうのです。

「微笑みうつ」が一種の「逃げ」であるのは間違いのないところですが、〝賢い逃げ〟かどうかは疑問が残るように思います。

忙しく見せるのも「逃げる」手段のひとつ

私はこれまでに約９００冊以上の単行本を刊行してきました。とくにここ何年かは、ありがたいことに月に5冊ペースで、「週刊和田秀樹」などと揶揄されることもあります。それに加えて本業の医師としての仕事もあります。傍《はた》からは「そうとう忙しい」と見られているかもしれません。

しかし、現実にはそれほど忙しいわけではありません。単行本には〝口述〟という手段もあります。私が6～9時間しゃべって、それをライターさんがまとめ、最終的に私がチェックするという進め方です。

ただ、ＴＶ出演は、出版とは真逆とでも言えばいいのか、出演する時間は10分もないのに、事前の打ち合わせだ、リハーサルだと、その何十倍もの時間が取られてしまうことが少なからずあります。私は能率一本槍というわけではありませんが、どうもこのテレビのパターンは苦手で、出演依頼があっても極力、お断りするようにしています。

その際、「今月中の締切りが3冊もあるので」とでも言えば、あらかたの人は引き下がってくれます。要するに忙しそうに見せて、TV出演から逃げているのです。

「忙しい」というのは、逃げるための言い訳として悪くないのではないでしょうか。「断る」というのは、断られた側にいい印象を与えないことが多いようです。人によっては口には出さないものの、「なんだ、エラそうに」「ずいぶん高飛車な人だな」と思ってしまうこともあるかもしれません。

そんなときも、「すみません、忙しいので……」と言って逃げておけば、先方は「忙しいのではしかたないな」と思ってくれるでしょう。

対人関係で無駄な波風を立てないためにも「逃げる」は有効なのです。

「逃げる」と「やめる」はどう違うのか

では、「逃げる」と「やめる」はどう違うのでしょうか。

「やめる」は、「終わりにする」という意味合いが強いと思います。

もう一方の「逃げる」は、当初は「やりたいこと」や「嫌なこと」から単に逃げるわけですが、その過程で「やりたくないこと」を探すために、やりたくないことから逃げる」となっていくように思います。

「逃げる」のほうが先を見据えているのではないでしょうか。

できることなら、やっていて楽しい仕事に就きたいでしょう。そして、結果が残る仕事をしたほうがいいでしょう。

昔と違って今の時代は、転職もわりと簡単にできます。また転職しなくても、会社に「こっちの仕事のほうが得意なので異動したいのですが」などと言いやすいでしょう。

会社側から見れば、「彼はやる気満々だな。なんとか叶えてあげたい」と思うかもしれませんが、じつはそこには今の環境から逃げ出したいという目的が隠されているかもしれません。

「ぼくはテレワークのほうが得意なので、それでやらせてもらえませんか」というのは、わずらわしい人間関係から逃げたいというのが目的と思えますが、こう言ったほうが積極的に見えるでしょうということです。

「逃げる」というと、卑怯とか、恥ずかしいといったイメージがあるかもしれませんが、いちばん正々堂々としているというか、じつは自分を生かす正攻法なのです。

逃げるのがうまい人は、後悔なしに生きていけます。

自殺は「逃げ」ではない

自殺は「逃げ」ではありません。自殺＝逃げと見られることが圧倒的なようですが、私が本書でいう「逃げ」というのは、先のために逃げるという前提があります。

ところが自殺というのは、成し遂げた瞬間に命がなくなり人生が終わってしまいます。つまり、先がない。だから自殺は「逃げ」ではないのです。

戦国武将を見てみると、自殺と逃げがまったく違うことがよくわかります。

たとえば、第1章にも登場した徳川家康です。家康は1573年（元亀4年）、三方ヶ原の戦いで武田信玄に大敗を喫しました。しかし切腹などで自害することはなく、その場からなんとか逃走し、捲土重来を期しました。

そして、その甲斐があったのでしょう、家康は1603年（慶長8年）、征夷大将軍となり、江戸に幕府を開きました。ご存じのように江戸時代は約260年間にわたって続きました。家康は逃げたものの、死ぬことはなかったからこそ江戸幕府を開くことができたのです。これは私の想像ですが、家康は「負けようが逃げようが、長生きしたもん勝ちだよ」とでも思っていたのではないでしょうか。

その家康はせっかく就いた将軍の地位を、たった2年で三男の秀忠に譲っています。つまり、将軍の地位から逃げたわけですが、それによって秀吉と違って二代目を作ることができ、将軍家が継続することを印象付けることができました。ここにも先を見据えた家康の逃げ上手な生き方が表れているように思います。

この例を見てもわかるように、「逃げ」には未来があり、自殺には未来がない。「逃げ」と自殺は、ときに似たもの、あるいは同類ととらえられますが、「逃げ」と自殺を別の言葉で表現すると生と死です。この両者、実際には真逆といってもいいほど違うのです。

引きこもりはよくない逃げなのか

「引きこもり」という言葉が広く知られるようになってから、かなりの時間が経ちました。

もともとは1980年に発表されたアメリカ精神医学会による、精神疾患の診断基準の第3版であるDSM-Ⅲに載ったSocial Withdrawal（社会的撤退）の訳語として使われたものだったとされています。現在ではHikikomoriが英語版のWikipediaでもかなりの分量を割かれた項目になるなど、日本人の病理として国際的に知られるものとなっています。

昔からこの言葉は使われていたようですが、現在のような意味で使われたのは平成期以降だとされています。仮にそうだとしても、すでに30年以上この言葉が使われていることになります。

その引きこもりには、まったくと言っていいほどいいイメージがありませんが、引きこもりが一種の「逃げ」であるのは間違いのないところでしょう。

誤解を恐れずに言えば、私は、引きこもりには「いい引きこもり」と「悪い引きこもり」があると考えています。

いい引きこもりは、家にこもりながらも、ネットで収入を得るなど自分なりに経済活動をしているケースです。生計を立てられているならそれほど批判されるものではなく、ひとつの生き方としてとらえていいと思います。

一方、悪い引きこもりはその逆で、家にこもって経済活動を一切せず、生計を立てられていない状態です。ゲーム依存症はこちらに当てはまることが多いでしょう。ちなみに精神科医の斎藤《さいとう》環《たまき》氏によると、精神医学的な意味でいわゆる引きこもりの人はゲームをしていても、まったく楽しそうではないそうです。することがないからゲームをやっているわけです。

では、「悪い引きこもり」から逃れる方法はあるのでしょうか。

まずは依存症にならないことでしょう。会社でも会社外でも良好な人間関係があって、仲間や友人と遊んだり、飲んだりしている人は、依存症になりにくいでしょう。そういう関係を築けていない人が依存症に陥りやすいのです。

依存症の特性は、人に依存できなくて、モノや行為に依存することです。ゲーム依存症、アルコール依存症、スマホ依存症……。みんなそうです。

なかでもゲーム依存症は、悪い引きこもりのトリガーになります。

依存症は脳の病気で、神経伝達物質のドーパミンが過剰に分泌されて快楽をもたらします。ゲームで味わうその快楽によって、依存症に陥ってしまうのです。

そして、一度発症すると、なかなか元には戻れません。そのため、ゲーム依存症になると、悪い引きこもりからなかなか抜け出せなくなります。会社や学校という社会からどんどん足が遠のいていってしまうのです。

ゲームとは適度につきあうことをおすすめします。

逃げ道はできるだけ多く用意しておく

逃げるときにいちばん大事なのは、できるだけ多くの逃げ道を用意しておくことです。もし、いじめられたら、学校を休む、保健室登校をする、転校をする、などといくつも逃げ道がある人は、追い詰められることはまずないので、自殺はしないでしょう。

年を取ってからも、親の介護がつらいときは、いざというときはこの介護施設に入れる、介護保険のこのサービスを受けるなどと逃げ道をたくさん用意しておけば、上手に逃げることができるでしょう。

元総理大臣を比べさせてもらえば、安倍晋三氏のように「この道しかない」という人は何度もうつになるし、小泉純一郎氏のように「人生いろいろ」と言っているような人はうつになどなりません。

開成高校から東大に入り、財務省に進んで次官候補といわれている人が、なにかへマをやらかして自殺したとしましょう。

そんなとき、「あの人は挫折を知らなかったから耐えられなかった」などと言われますが、私に言わせると、「あの人は逃げ道を知らないからそうなった」となります。

その人が開成に入れなかったとしても、もし東大に入る道を知っていたら……。東大に入れなくても、いい会社に入れる道を考えていたら……。財務省でヘマをやったところで大学教授にもなれるし、経済評論家にもなれます。逃げ道を知っていれば、死なないで済むのです。

頼まれ事から逃げるクレバーな方法

ついつい、いい顔をしてしまう人がいます。

何か頼まれると二つ返事で「いいですよ。いつまでにやっておけばいいのですか?」などと明るく尋ねるので、頼むほうも「彼は頼みやすい」とばかりに何度となくお願いしてしまうのです。

気がいいというか、気が弱いというか、断って相手が残念な顔や嫌な顔をするのを見たくないのでしょうか。だからなのか、頼まれると嫌と言えないし、自分の意見を強く主張できません。そして何か角が立ちそうなときは、いつも自分が引いてしまうのです。

そんな気が弱い人には、世間からさまざまなことを押しつけられるようになっているようです。

たとえば、締め切り直前まで放置されていた仕事があることがわかり、もう誰かに手伝ってもらわなければ、締め切りに間に合わない状況だとしましょう。

こんなケースで頼まれれば、ふつうなら「えー、急に言われても……」とか「どうして放置していたのですか？」などと嫌みのひとつでも返すところでしょうが、気の弱い人は「いいですよ。ひとりじゃ大変ですもんね」などと、文句も言わずに優しく手伝ってくれたりするのです。

あるいは、お茶くみや掃除、プリンターのトナー換えやシュレッダーのゴミ捨て。気の弱い人は、自分が忙しいときにそれらを頼まれても、嫌な顔ひとつせずに「はい、わかりました」と気前よくやってしまうのです。

そうこうしているうちに、いつの間にか気の弱い人がやるのが当たり前という、まるでその係のようになってしまったりするのです。つまり、お人よしでもあるのです。

しかし、そんなことがしょっちゅう続くと、さすがのあなたも、「たまには断るところも見せないと」と思うかもしれません。他人にいい顔してしまうから自分が疎ましく思えてしまうこともあるでしょう。

そんなあなたに、自己嫌悪に陥る前に、相手が気を悪くしない断り方をお教えしましょう。

断るといっても、いきなり「やりたくありません！」などと言うと、さすがに角が立ってしまいます。そんな際は、頼まれ事から逃げるには方便というものが役立ちます。

「今日は本当に自分のことで手いっぱいで」「すみません、急ぎの用があって……」などと頭を下げて言えば、たいていの人は「あぁ、本当に時間がないのだな」「忙しいときに悪かったな」などと思うはずです。方便が見抜かれることはまずないでしょう。

こんなことを繰り返しているうちに、いつもあなたばかりに集中して頼んでくるということもなくなっていくでしょう。

ただし、これまで100％OKだったのに、あるときから100％NOでは、あまりにも極端で不自然です。たまには以前同様、「いいですよ」と快く頼まれ事を引き受けつつ、徐々に頼まれ事から逃げる回数を増やしていくようにすれば、「あいつはいつ頼んでもOK」という〝評価〟は雲散していくでしょう。

不安から逃れる賢い方法とは

誰にでも不安にさいなまれるときがあります。人に心がある以上、不安から逃れることはできません。

不安は誰にでも平等につきまとうものですが、不安とうまく折り合いをつけて暮らしていける人と、不安を引きずり、振り回されて仕事や勉強が手につかなくなる人がいます。

不安を引きずると、先のことがまったく考えられなくなってしまいます。そして、今、心にある苦しい気持ちから逃れたいという思いが強くなり、酒やギャンブルなどの享楽的な遊びにおぼれてしまうことがあります。なかにはがんと診断され、その不安から逃れようとして自殺までしてしまう人もいるのです。

死を恐れるあまり、そこから逃れたくて死を選ぶという、皮肉な選択をしてしまう人もいるということです。

不安にとらわれていると、今ある苦しさから逃れたいと思うと同時に、今がすべてだと思い込んでしまいます。

いじめ問題が発覚すると、大人は「どうして周りの大人にいじめられていることを話さないのだろう。ＳＯＳのシグナルさえ出していれば……」といったことをよく言いますが、いじめられている当人はそんなことができるはずがありません。

なぜなら、「今の友だちに嫌われたら、もうやっていけない」と思い込んでしまっているからです。精神的に追い詰められた子供は、その世界の中で生きる以外にないと考えるようになるのです。

がんを苦に自殺するのも、いじめに黙って耐えているのも、冷静な目で見れば別の選択肢があるはずなのに、不安にとらわれている当人はそのことがわからなくなっています。

不安にとらわれると、目先のことしか気が回らなくなってしまうだけでなく、自信を失い、本来持っているはずの力を出し切れずに失敗してしまうことにもなります。心の余裕を失うことは、さまざまなマイナスの結果をもたらします。

だからこそ、むやみに不安を引きずることのないように、心のメンテナンスをしておく必要があるのです。

性から逃げると老化が進む

老人ホームなどで、すっかり枯れてしまったおじいちゃんでも、意中のおばあちゃんができると、頭も身体もシャキッとしてくることはよく知られています。

ヨボヨボになっているおばあちゃんも、ちゃんとお化粧してあげると、それだけで元気になって生き生きとしてきます。人はいくつになっても「枯れない」のです。

アンチエイジングを考える年代の人が、性的なことから逃げていると、かえって老化を早める結果につながります。

もちろん、不倫や浮気はいいことだとはいえませんが、私は、それぞれが自分の裁量と責任でする限りにおいては、絶対悪として否定すべきことだとも思っていません。

昔の日本には性に対して鷹揚な文化があって、男性も女性も、欲望は自然なものだと認められてきました。女性の性が抑圧される傾向にあったのは、武家社会だけだったとされています。

農村では、夜這いや祭りのときのフリーセックスなど、各地で普通に行われていました。江戸文化研究者で法政大学元総長、同大学名誉教授の田中優子《たなかゆうこ》氏によると、そうした際には女性から誘うことも珍しいことではなかったといいます。

また、江戸時代には男女のセックスを描いた浮世絵が大量に刷られて流通し、人々はそれを見て楽しんでいました。昔の日本人は、現代人が想像するよりずっと性を謳歌していたのです。

それが「悪いこと」になるのは、明治時代に欧米からキリスト教的な価値観が入ってきてからでしょう。キリスト教では「セックスは子供をつくるためであり、快楽のために行うべきではない」と説いています。

性行為は夫婦間のみ、処女性重視、夜這いなどとんでもない、男色などあってはならない、などと厳しく戒めているのです。

カトリックでは今も中絶を固く禁じていて、アメリカ大統領選挙では毎回、争点のひとつになっていることをご存じの方も多いでしょう。

今の日本で〝伝統〟と称するものは、明治時代に人為的に〝でっちあげられた〟ものが多いのですが、性にまつわるタブーも、女性にだけ格別な貞淑さを求めてきたのも、〝でっちあげ〟の典型です。ほんの少し昔に遡ると、そんなものは常識でもなんでもなかったのです。

とはいえ、SNSなどが普及したネット社会の現代、軽はずみなセックスには病気や妊娠のリスクのほか、リベンジポルノのような新たな問題も生まれているので、すすめられませんが、あまり四角四面に考えるのも、息苦しくてストレスの多い社会になりかねません。性をタブー視して遠ざけるのは、生きる力を弱らせて、老化を進めます。

明治期以降の日本では、性的なものがタブー視されすぎてきたのは事実です。中高年の男性がアダルトビデオや官能小説に興味を示したりすると、あからさまに軽蔑されたり、気持ち悪がられたりします。

しかし、こうしたポルノグラフィも他人を不愉快にさせるなどして迷惑をかけない限り、否定すべきものではありません。

性にまつわるタブーにとらわれて、あまりに潔癖になったり、恥ずかしがったりしているのは「常識」に絡め取られているからでしょう。脳も感情も思考も老化して、硬くなっている可能性があります。

恥をかくとか道徳とかから逃げることができれば、若さを得ることにつながるのです。

せっかく逃げるのだから結果を残したい

「逃げてはいけないとき」というのはないと思っています。たとえば、学校に行きたくなければ、学校から逃げればいい。それだけのことです。昔とは違って、イジメを受けたので学校をサボリましたというのがＯＫなのです。

でも、どうせなら休んだことが損にならないようにしたいところです。学校から逃げたかわりに、その分、家で受験勉強頑張って、いい高校に入りました、いい大学に入りました、となれば、「学校をサボって得をした」ということになるでしょう。せっかく逃げるのだから、いい結果を残したいという思いはあります。

年を取ったら取ったで、会いたい人としか会わないとか、できるようになっていくでしょう。ボランティアであれ、なんであれ、やりたい仕事しかやらないというのもいいでしょう。それができない人は、年を取っても息が詰まるだけです。

第5章　逃げてこそ手に入る安心と幸せ

なぜ日本人は逃げるのが下手なのか

日本というのはしみじみ負けるのが下手な国だと思います。それはとりもなおさず逃げるのが下手ということでもあります。

そもそも「逃げる」というのは、一時的なことで、機を見て捲土重来をめざすわけです。この本ですすめる「逃げる」は、一時的な避難とほぼ同義です。

ところが日本は歴史上、たった一度しか戦争で負けていないのに徹底的に打ちのめされてしまいました。

どうしてそうなったかというと、玉砕とかいって最後の最後まで逃げずに戦ったからです。結果的に長年、実質的にアメリカの管理下におかれ、復興までにとんでもない時間がかかってしまった。それもこれも途中で逃げ出さなかったからです。

ところがドイツはどうでしょう。第二次世界大戦では日本の同盟国として戦い、日本と同じく徹底的に叩かれました。

しかし、何度も負けてそこから学んでいるだけあって、領土を半分にされようが、二つの国に分割されようが、いつの間にか国力を立て直し、ＥＵの盟主になっています。要するに負け方がうまいのです。

どうやら日本には「負けたら終わり」という考え方しかないようです。負けるというのは次に勝つための準備なのだという発想ができないのです。負けたら終わりだと思っているから、バカみたいな軍事費を使うのです。

ソ連も北朝鮮も、負けてはいけないと思って軍事予算をバンバンふくらましていったから、ボロボロの国になったわけです。

負けたら負けたでいいではないか、くらいに思っていれば、べつに軍事費を使う必要もないのです。実際、現在の国際法では、戦争に負けたからといって、日本の国の領土が、勝った国の領土になるわけではありません。

仮の話、戦争で中国に負けたとしても、共産党政権になるだけの話です。中国やソ連と違って、資本主義、自由主義を経験してからの共産主義下で、共産党政権になったからといって、今の自民党政権と比べて言論の自由が大きく抑圧されることはないでしょう。そして国民の学力や知的レベルが高ければ、ドイツや戦後の日本のように再興できるのです。

私はむしろ、今の自民党のように世襲議員が多いことのほうが問題だと思っています。まるで封建国家です。

逃げるのが下手な日本という国の先行きが不安でなりません。

「選ぶ力」の裏には「逃げる力」あり

私が『受験は要領』を出すまでは、受験生がみなそれぞれ独学で勉強法を編み出していました。

ところが今は、書店の「受験コーナー」に行けば、「受験は要領」的な本がたくさん並んでいるし、ネット上にはいろいろな情報が行き交っています。

だから、今必要なのは、編み出す力ではなく、「選ぶ力」だと思います。そして、「選ぶ力」の裏には、それ以外からいかに逃げるかという「逃げる力」がひそんでいるのではないでしょうか。

その際、たしかに選ぶセンスも必要かもしれませんが、センスがなくてもひとつひとつ実際に試してみればいいのです。

ちょっと時間がかかるかもしれませんが、試すことで答えが見つかるのです。だから最も必要なのは選ぶ力だと思います。

これからは、作詞家にしろ作曲家にしろ選ぶ力が求められます。

たとえば、ＡＩにクリスマスのラブソングをつくってと頼んだら、１万個くらいつくってくれます。その１万個を前にして、９９９９個から逃げ、「これ、いちばん売れそう」と選ぶ能力のある人がすごい作曲家といわれるようになるでしょう。作曲家はこの先、選ぶことが仕事になると思います。

ワインでもそれは同様です。やはり「選ぶ力」と「逃げる力」が大事なのです。

アメリカにはロバート・パーカーという有名なワイン評論家がいます。彼は当初アメリカの濃くて安い赤ワインを飲んでいましたが、弁護士になって3年目にやっと高いワインが飲めるようになったので、ボルドーの特級の中でもトップクラスで、評価も高いシャトー・マルゴーを飲んでみたところ、美味しくなかった。

そこで、他人の評価に頼るのではなく、自分が美味しいと思ったワインに高い点をつけていこうと『ワインアドヴォケイト』誌を創刊し、１００点満点で独自の採点を公表しました。これがパーカーポイント（ＰＰ）で、今ではパーカーの評価によって世界のワインの価格が決まるとまでいわれています。

ここでも当然、「選ぶ力」と、その前に何千ものまずいワインから「逃げる力」が働いているのは言うまでもないでしょう。

いちばん賢い逃げ方は勝ち逃げ

日本人は「勝ち逃げ」も苦手です。株式投資でちょっと儲かったところでの売り抜けです。逆から見れば、株であろうが、ギャンブルであろうが、勝ち逃げができる人が最終的に勝ちます。勝ち逃げや損切りができないから、負けるまで続けてしまうことになるのです。

なぜ、そうなってしまうのか。

当の本人も、勝っているところで止めるなんて、ズルいと思ってしまうのかもしれませんね。「負けるまで戦えよ」なんて、負けている人間がひがみで言っているだけなのですけどね。

勝っているところで逃げて、一生楽な暮らしをするという手だってあるわけです。

株式投資などでよく言われることですが、逃げるのがうまい人が結局、いちばん儲けるのです。バブル時代を振り返れば、それはよくわかります。

「これはバブルだからいつか弾ける」と気づいた少数の人は、そうなる前に全部財産を処理して、弾けたときに買い戻して大金持ちになりました。

しかし、大半の人はそうはいきませんでした。日本人は逃げ方が下手なのです。要するに玉砕というメンタルがまだ残っているのでしょう。

日本人のメンタルは昭和10年頃に書き換えられているのです。それ以前、とくに大正時代などは、贅沢は素敵なこととされていました。それが日中戦争が始まると「贅沢は敵だ」に変わり、いまだにそのメンタリティを引きずっているのです。そして、この時期から体罰が始まり、生きて虜囚《りょしゅう》の辱めを受けずなどといって逃げることが恥だという価値観や道徳観が植え付けられたのです。

「やればできる」は逃げてこそ実現する

「やればできる」という言い方があります。

多くの場合は、会社や学習塾などをやめたいと申し出たときに、「キミはやればできるんだから」などと慰留の意味を込めて使われているようです。「やればできるんだから」の後には口には出さなくても、「だからここから逃げるんじゃない」という思いが込められているのでしょう。

たしかに、自分の経験上でも「やればできる」人は少なからずいますが、じつは「やればできる」には条件があることをご存じでしょうか?

それは何かというと、「逃げてこそ」、つまり今のやり方を変えてこそなのです。「やればできる」ということは、「今はできていない」ということです。

それなのにそのまま今の職場にいたり、今の勉強法を続けていたりしていたのでは何も変わりません。

たとえば、ゴルフでなかなか前にいいボールが飛ばないとしましょう。それなのに同じやり方で1000回素振りしたところで、よけい下手になるだけです。

繰り返しますが、「やればできる」というのは、新しいやり方を見つけてこそという条件付きなのです。

受験勉強でもそれは同じで、今のやり方で成果が出ないのなら、「努力が足りない」などと思ってその場でさらに頑張ろうとするのではなく、とりあえずその場から逃げて、やり方を変えてみることです。

通っている学習塾を変えるのもひとつの方法です。自分でも「やればできる」と信じて、同じところで頑張っているとしましょう。それでもなかなか成果があらわれないのはよくあることです。

そんなとき、本人や親は「自分は（この子は）、頭が悪いのだろうか」と思ってしまいがちです。

でも、そうではなく、その学習塾の教え方が合っていないのかもしれないし、やっている問題の質が合っていないのかもしれません。私の経験上でも、後者のほうが圧倒的です。

うまくいかないときはまず逃げてみる。自分の能力を疑う前に逃げてみる。「やればできる」は、そうすることで初めて実現するのです。

「かくあるべし思考」から逃げてこそ新しい道が見えてくる

Sという難関中学入学をめざす人を対象とした学習塾があります。言ってみれば〝東大受験専門超優等塾〟といったところですが、こういうところは、上から1割の人にはとてもいい塾なのですが、それ以外の人にとっては単なる教育虐待を受ける場所に過ぎません。

こういうところに通っても、たいていの人は自分のことを頭が悪いと思わされ、勉強嫌いになるだけです。

そういう人は、Sからさっさと逃げて、やり方を変えればいいと思うのですが、それがなかなかできないようです。

親も「ここにいれば開成から東大に入れる」と思い込んでいます。しかし、Sから実際にこのコースに進むことができるのは10人に1人程度でしょう。

そもそも、中学受験に向かない子が半分くらいいます。発達が遅い子に中学受験は絶対に向きません。それに、図形の問題などは、センスのない子にとっては、小学校5年生や6年生でできるというほうが無理なのです。もちろん、頭の良し悪し以前の問題です。

自分の子は中学受験のセンスがないと思ったら、受験勉強はせずに、小学校4年生で中1の英語や数学の教科書を終えればいいだけの話です。中1の英語や数学の教科書のほうが、Sの小学校4年生の問題よりも、ずっと易しいのです。

さらに5年生で中2の問題をやり、6年生で中3の問題をやれば、無敵の中学時代を送れるでしょう。

他の人と違うやり方で勝てばいいだけの話なのですが、それを「逃げ」だと思ってしまうのでしょうか、Sに執着し続ける親子が少なからずいるようです。

逃げられない裏にあるのは「かくあるべし思考」です。我が子を東大に合格させるにはSから開成に進まないといけないと思い込んでいるのです。

しかし、東大に合格できる道は一本しかないわけではありません。Sでなかなかうまくいかなかったら、とりあえずそこから逃げてみる。そうすることで初めて新しい道が見えてくるのです。

妥協できるのは人間的成長の証

「妥協」という言葉は、「逃げる」と同様、あまりいいイメージがありません。辞書には「対立した事柄について、双方が譲り合って一致点を見いだし、おだやかに解決すること」とあります。用例として「―の余地がない」「安易に―する」「―案」が紹介されています（「goo辞書」より）。一種、逃げているというか、正面からぶつからず半分腰が引けているイメージがありますよね。

しかし、私は「妥協」というのは、ずいぶんと世の中を平和にしていると思っています。

仮に1億人の頂点に立った人だけが本当の幸せを得られるというのなら、その椅子は一つしかないわけで、その椅子の奪い合いは熾烈を極め、戦いが止むことはないでしょう。みながみな、戦火の中で生きるのです。

ところがそんなとき、5000万位あたりに位置する人が「まあ、ここでも悪くないな、けっこう幸せだよ」と思えば、その人は幸せなのです。

周囲はそれを妥協というかもしれませんが、本人にしてみれば、「妥協の何が悪い!? オレは心地よさを優先する」といったところでしょうか。妥協は負けではないのです。

5000万位の人が幸せになれるのに、1億人中2位だとしても、その人が「1位になれない俺は負け犬だ。晩年にこんな不幸が待っているとは」などと思っていれば、その人は本当に不幸なのです。

「自分の幸せ」というのは本人が決めるもので、第三者が判断するものではありません。他人にわかるのは「幸せそう」がせいぜいです。しかし、現実には「幸せそう」に見えても、そうではない人が星の数ほどいるのです。

「この境遇でまあいいか」と思えることは、とても大事だと思います。

たしかに逃げであり、諦めであり、妥協であるかもしれませんが、私に言わせれば、自分が今いる境遇を「まあいいか」と達観できるのは人間的成長の証であると考えています。

置かれている状況から逃げたいとは思わなくなった瞬間

もう10年ほど前のことになりますが、『嫌われる勇気』(岸見一郎・古賀史健著 ダイヤモンド社)という本がベストセラーになりました。タイトルはキャッチーですが、中身はけっこう難しい本でした。

この本がなぜ売れたのか。私に言わせると、それだけ嫌われたくない人が多くいるからだと思っています。

親でも、子に向かって「みんなから嫌われないようにしなさい」などと言う人が多いと思います。

私は、小学校時代、6回転校しました。どこの学校でも嫌われて、いじめられたりもしましたが、それが母親の耳に入ると、彼女はこう言いました。

「あんたは賢いのだから、嫌われて当たり前なの」

以来、私は嫌われることが怖くなくなりました。自分が置かれている状況から逃げようとも、状況を変えようとも思わなくなりました。

もしもあのとき、「勉強だけしてたらあかんよ。みんなと仲良くできないと」などと言われていたら、今とはまったく別の人生を歩んでいたことでしょう。

「無理」や「つらい」からはさっさと逃げる

つらいことを無理して続けても、それに耐えられなくなったときには「もうダメだ」と思ってしまうし、「今日だけ休んで明日からまた頑張ろう」と思っても、休んだことに後ろめたさを感じてしまうと気持ちの切り替えがうまくできません。どこかでダメな自分を引きずってしまうことになります。

そうならないためには、「これだとつらいな」とか、「続けるのは大変だな」と感じた時点で、もっと楽な方法に変えたほうがいいと考え、早めの方針転換をすることです。つらくても続けなくては、という思い込みを捨ててしまいましょう。そう、「無理」や「つらい」からはさっさと逃げてしまうのです。

つまり、何かを続けようと思ったら、「頑張る」より「楽」を考える習慣をつくることです。これならストレスは感じなくてすむでしょう。最初から楽な方法を考えるのですから、意志の強さも必要ありません。


こうしたことを実現させるポイントはどこにあるのでしょう。

たいていの人はまず、「続ける」ことだけを目標にします。「続ける」ことを目標にしてしまうと、それがどんなにつらくても続けるしかありません。そのうちに続けることの目的を忘れてしまい、つらさを我慢することだけが自分のノルマになってしまいます。

そうならないために、最初に「楽」を考えるというのはどうでしょうか。

ダイエットなら、今よりスリムになるために始めるのですから、食べ物を減らすことばかりにこだわるより、サウナで汗を流してもいいし、近所の散歩コースを延長するだけでもいいのです。甘いものを控えるというのも、運動と組み合わせれば少しは楽な制限にできるでしょう。要するに色々な逃げ道を考えるのです。

目標体重も同様で、「減らす」ことが目的なのですから、どんなに少ない減量でもいいはずです。たとえ目標達成ができなくても、減っていれば効果があったと受け止めることができます。もっと言えば、「あなたはコントロールできているね」と思ってもらえるだけでも目標達成になるのです。

「逃げること」を生きがいにする

精神科医という仕事をしていると、いろいろな人の悩みや不安と向き合うことになります。その中で意外と言っていいほど多いのが「生きがいがない」という相談です。

「今の私にはこれといって生きがいがありません」

「何の張り合いもない毎日ですから、生きているのがつらくなります」

「とくに不満もありませんが、生きがいのない自分が幸せだとはとても思えないのです」

そこで私は質問します。

「生きがいがあれば幸せになれるのですか？」

「もちろんです。だから一生懸命に見つけよう、つくろうとしているのですが、なかなか見つかりません」

そういう人に私はいつも、「一喜一憂せず、もっと気長に生きましょう」と声をかけます。

ある意味では素気ないくらい短いアドバイスですから、患者さんによっては「そんなぁ」という顔をします。

「どうすれば生きがいが見つかるのか教えてくれてもいいのに」といった不満そうな表情になる人もいます。

私はこんな説明をつけ加えます。

「生きがいはどんなに早く見つけても、失えば不幸になります。逆にどんなに見つからなくても、いつか出合えたときには幸せになれます。

見つかれば幸せなのが生きがいであって、見つからないと不幸というわけではありません。焦ってしまうとそれだけで不幸になります」

つまり、生きがいがないのは不幸という考え方をしてしまうと、生きがいを手にすることだけにこだわってしまい、それがうまくいかないと不幸になってしまいます。

何のための生きがい探しかといえば、幸せになるためですね。

生きがい探しより大事なのは幸せになることだ、といういちばん大事なことを忘れてしまいます。だからもっと気長に生きてください。

そのうえで生きがいを探す際には、「逃げること」をつねに念頭に置いていただきたいと思います。嫌なことからは逃げる。つまらないことからも逃げる。うっとうしい人間関係からも逃げる……。

極端に言えば、「逃げること」を生きがいにしてもいいのではないでしょうか。

悩んでも悩んでもどうにもならないことがある

誰にでも心配事や不安な気持ちの一つや二つはあるでしょう。

お金の心配や将来への不安、老いへの不安、仕事の心配、事故に対する不安、明日のスピーチがうまくできるかという心配……と、不安や心配のタネは尽きません。

素敵なパートナーと巡り会えて幸せ絶頂という人でも、「この幸せはいつまで続くのだろうか？」と考えて、不安な気持ちになってしまうかもしれません。

その不安や心配に気づかないふりをしていたり、不安を忘れようとして目先の楽しさを追い求めたり、友だちや先生に相談したり……。

どうしても不安が心から離れなくて、強いプレッシャーとなって襲ってくると、私のような精神科医に相談される人もいます。

どうして、私たちは不安や心配を抱えてしまうのでしょう？

その原因のひとつは「知らない」からです。

新入社員が、社会人生活に不安を覚えるのは、仕事をまだ知らないからです。初対面の人と会うのが不安なのは、その人のことを知らないからです。

そういう不安や心配事は、事実や情報を集めたり、経験を積み重ねたりしていけば解消していきます。「知る」ことによって、多くは解消できるのです。

しかし、それでも解決しない不安もあります。

将来、何が起こるかは誰にもわかりません。どのように老いるか、体にどんな不調が出てくるかもわかりません。

わからないから不安になるわけですが、それはもう考えても始まらない不安、悩んでもどうにもならない不安です。

学んだり、経験したりすることで解消できる不安ならどうにかすることもできますが、どう転ぶか、どちらに進むかわからない事柄についてはどうすることもできません。

そんなことに悩んでいるのではないですか？　どうにもならないことは、誰にとってもわからないのですから、引きずって悩むだけ損というものです。

あなたはどんな不安を抱えているのか。そこから逃げずにはっきりさせていきましょう。

不安や心配事を仕分けする

自分が抱えている不安や心配事がはっきりしたら、あなたがすべき次の作業は仕分けです。

実は不安や心配事には、すぐにでもなんらかの手を打ったほうがいいものと、とりあえずそこから逃げても大丈夫なものとがあります。

たとえば、異常気象という現象があります。真夏なのにとても寒かったり、逆に冬なのに暖房具なしで汗をかくほどの陽気があったり……。あなたはこの異常気象に対応できますか？　寒さや暑さに備えて衣服の準備などをすることはできるでしょうが、異常気象自体を正常に戻すことはできません。

不安や心配事もこれと同じで、それに備えることができるものや心配事自体を打ち消してしまうような対策がとれるもの、逆に手の打ちようがないものと、いろいろあるのです。

別の言い方をすれば、逃げても逃げても追いかけてくる不安や心配事もある一方で、逃げればなんとかなりそうな不安や心配事もあるということです。

ですから、それらをひっくるめて不安になったり心配するのではなく、ひとつずつ取り出して、「この心配事からは逃げても大丈夫」「これはとりあえず放っておこう」「これは早めになんらかの手を打ったほうがいい」などと〝判定〟していくのです。

そうすることで、少なくとも、あなたが今抱えている不安や心配事がはっきりします。それによって、心を曇り空のように覆っていた「茫漠とした不安」は消えていくかもしれません。そして、「コレからは逃げてもいい」「コレはさっそく対処を考えないと」などと仕分けしていけば、少なくとも事に当たる優先順位ははっきりとすることでしょう。

それができるだけでも、あなたの不安や心配事は小さくなっていくはずです。

不安があるから成長できる

家族や親しい人から「心に不安があって……」などと聞くと、思わず心配になってしまうかもしれませんが、心に不安があるのは、必ずしも悪いことばかりではありません。

入学式、入社式、引っ越し、転校、旅立ち……。あなたがスタートラインに立ったときのことを思い出してみてください。

何か新しいことを始めるとき、期待と不安が入り交じった気持ちになりませんでしたか？　こんなことをやってみたい、あんなこともできたらいいな、もしかすると高評価を得られるかもしれないといった希望がある半面、どんな人たちがいるのだろう、私に務まるのだろうかという不安。ワクワクしますが、心配な気持ちも消えることがありません。逃げ出したいと思ったこともあるかもしれませんね。

そんな不安を振り払うために、地道な作業をコツコツ積み重ねたり、夜遅くまで残業したり、みんなに溶け込もうと努力したり……いろいろ頑張ってきたのではないでしょうか。

人は不安があるから、それを少しでも軽くしようと、一生懸命に物事に打ち込みます。ですから、不安を持つこと自体は決して悪いことではありません。

以前、ある大企業の経営者と話をしたことがあります。その企業は、海外の大手企業を買収するなど大胆な投資を行って、急速に業務を拡大していました。

「これほど重大な決断を下すとき、怖くはないのですか？」

と私は尋ねました。すると、その経営者は予想外のことを口にしました。

「不安だらけですよ。怖くて怖くてたまらないのです。逃げ出したくなることもあります」

そう彼は言ったのです。

大企業の経営者、それも積極的な拡大戦略に打って出て成功を続けている人でも、不安にさいなまれ、眠れない日が続いたこともあるそうです。

しかし、だからこそ不安に思うことを一つひとつ想定し、それを解決する手立てを必死になって考えたと言います。少しでも不安を減らそうと、不安に思うところをつぶそうと、考えに考え抜いたそうです。

「自分の不安を見つめてきたから、大きな決断ができるのです」と言います。

繰り返しになりますが、誰も不安から逃れることはできません。だからといって、無闇に不安を避けようとするのではなく、まずはじっくりと不安と向き合うこと。どのように向き合うかで、現実は大きく変わっていくのです。

不安な気持ちは逃げずに受け入れる手もある

では、不安とはどう向き合えばいいのでしょうか。

ここでは、不安を引きずって振り回されないようにするにはどうしたらいいのかを考えていきましょう。

少し前、「ポジティブ人間」「ネガティブ人間」といった言葉が流行りました。

・ポジティブ＝積極的、肯定的。前向きなことだけを考える。明るい。

・ネガティブ＝消極的、否定的。後ろ向きなことばかりを考える。暗い。

できるだけポジティブな心持ちでいれば、幸せが近寄ってくるという考え方です。この考え方を私は否定しません。何事も肯定的に考えれば、さまざまなことに興味を持ち、行動的になります。

行動的になり、たくさんの人と接するようになれば、それだけチャンスに出合う確率も高まるでしょう。否定的な考えを持つと、行動は控えめになるので逆にチャンスとの出合いは少なくなります。

つまり、ポジティブでいたほうがメリットが大きいのは明らかなのですが、ここにひとつの大きな落とし穴があります。

ポジティブでありたいばかりに、「不安な気持ちを持ってはいけない」と考えると、かえって不安を意識してしまい、不安が増大してしまうのです。

つまり、無理なポジティブ信仰は、逆にネガティブのほうに振れてしまうという皮肉な状況をもたらす危険性があるということです。

マイナス感情から逃げようとしたり、忘れよう忘れようとしたりすると、逆にマイナス感情を意識することになってしまいます。

焦っているときに「焦るな」と言っても、焦りが増すだけですし、不安なときに「自分は大丈夫だ」と思い込もうとしても、不安がさらに募るだけです。

自分の心の中のことですから、自分で自分に催眠術でもかけない限り、隠そうにも隠しようがありません。わざとなかったことにしても、いつまでたっても不安のもとはなくならないでしょう。

その結果、ずっと不安の原因が解決されず、不安を引きずり続けることにもなりかねません。不安な気持ちがあるなら、あるがままに受け入れてしまいましょう。不安がある、心配事があると自分自身で認めてしまうのです。

不安に振り回されないようにするためには、まず自分の気持ちに正直になって、不安を認めたうえで向き合うことが大切です。

常に「逃げる」という選択肢を頭に置く

日本では、相変わらず一つのことを極める行為に価値が置かれているようです。多様化の時代ともいわれていますが、会社一筋の人生が真面目で理想的であるかのように考える人もいるようです。

果たしてそうでしょうか?

一つの会社で仕事を極めることを否定はしません。ただ、会社に人生のすべてを預けたところで、定年になれば居場所を失うのもまた事実です。

家族との生活を犠牲にし、有給休暇もまともに取得せず、夜遅くまで残業をするなど、そこまでしてしがみつく価値が会社にあるのでしょうか。

私の周囲で、自ら事業を立ち上げた人たちは、会社に嫌われることを恐れない人たちでもありました。会社で働くことをひとつのステップとしてとらえ、さまざまな人脈や実績を積み上げ、それをもとに独立をしていました。

会社を退職した高齢者を見ていても、再就職がうまくいっている人は、再就職先の会社に好かれている以上に、取引先に好かれているという共通点を持っています。

会社に好かれようとするあまり、自社の利益ばかりを求め、取引先のメリットをあまり考えない……。こういった人は、いざ会社を退職したときに、誰からも声がかかりません。

一方、取引先に好かれている人は、会社を退職したとたんに、「うちにきませんか」「一緒に仕事をしましょう」などと引く手あまたとなるわけです。

会社にすべてを捧げようとする人は、たとえば親の介護などの課題に直面すると、あっさり退職してしまうことがあります。それまで、会社に100パーセント貢献できない人を否定していたため、自分がその立場に甘んずることが許せないからです。

しかし、実際には工夫しだいで、いくらでも仕事と介護を両立できます。介護のほうを取ったら仕事を諦めなければいけないというのは短絡的な発想です。

仕事も介護も、趣味もボランティアも諦めない。そうやって複数の時間や居場所を確保しておくことは精神的なリスクヘッジにもつながります。

人は、一つのことがつらくても、他の時間で気を紛らわせられれば、なんとか乗り越えられるものです。

だから、会社人間にならないことも、複数のテーマを追い求めることも、けっして我がままではないのです。

そのためにも、一時的なことも含め、つねに「逃げる」ことを頭に置いておくといいでしょう。繰り返しますが、「逃げる」のはズルいことでも卑怯なことでもありません。

苦から逃げ、力を抜いて人生を楽しめる人でありたい

たぶん、近い将来、完全自動運転が導入、実用化されると思います。

どのレベルまで法律上許容されるか、そこはちょっとわかりません。

たとえば、運転席に座ってワインやビールを飲みながら、仲間と話すような自動運転は認められないでしょう。

日本人の真面目さもありますが、万が一の事故を想定すれば、いくら技術的に可能

でも警察が許さないだろうというのが私の考えです。たった1件、事件が起これば、マスコミが煽って、それをたたいて、飲酒や高齢者の自動運転を許さないようにするでしょう。国民の利便性より自分たちの利権が大事だからです。

でも、それよりももっと妨げになるのは、「機械に任せるより自分の運転のほうが安心だ」と考える人です。こういう人は一定程度、しかもその数を減らすことなく存在し続けそうです。

少し考えればわかることですが、機械と人間、どちらが確率的に安全でしょうか。どんなに腕に自信のあるドライバーでも、眠くなったり脇見をしたりするときがあります。疲れていて判断力が低下するときもあります。自分はちゃんと運転していても、対向車が突っ込んでくれば大きな事故になります。

つまり、確率論で考えれば、すべての車を自動運転化したほうが事故は減るでしょう。認知症気味のお年寄りでも出発地から目的地まで安全にドライブすることができるでしょう。

けれども、「自分の運転のほうが安全だ」と考える人がいる限り、偶発的な事故の起きる可能性は残り続けます。

あるいは自動運転の車が売れなければ価格も下がらず、それでやむなく諦める人も出てくるでしょう。

この分野でも、楽することをよしとしない日本人の生き方が邪魔をしそうな気がします。

生きるのが楽になる。

バカなことをみんなが考えて楽しめるようになる。

そういう世の中になってほしいと願うのは、ほとんどの人が同じだと思います。

でも、それを邪魔するものが私たち自身の中に居座っているのも事実です。最初にやるべきことは、そこからかもしれませんね。苦から逃げ、もっと楽に生きること、力を抜いて人生を楽しめるようになること、そちらのほうに大きくハンドルを切り替えなければいけない時代になっているような気がします。

おわりに

いかがでしたか。

「逃げる」というのがズルいことでも卑怯なことでもなく、あなたが人生を送るうえでのよき〝伴侶〟であることがご理解いただけたかと思います。

とくに、どう対処したらいいのか途方に暮れるような問題が起き、立ち往生しそうになったときなどには、とても役に立ちます。選択肢のひとつとして視野に入れているかいないかで、あなたの人生は大きく変わってくることでしょう。

ただ、つねに逃げることを考えるのではなく、「いざとなったら『逃げる』という手もあるさ」ぐらいに思っているのがいいでしょう。それだけで、つらいとき、くじけそうになったときなどの心持ちは、ずいぶん違うはずです。

いってみれば、「逃げる」は一種のお守り的な存在でもあるのです。困ったときや迷ったときなどに、あなたの心強い支えになってくれることでしょう。

どうぞ、心の片隅にでも「逃げる」を棲まわせておいてください。

みなさまにとって、明日がより良き日になることを祈念しております。ご愛読ありがとうございました。

なお、最後になってしまいましたが、本書が世に出るに当たっては、実業之日本社編集部の村嶋章紀さんに大変お世話になりました。ここに感謝の意を表したいと思います。ありがとうございました。

2024年6月

和田秀樹

ブックデザイン…小口翔平＋畑中茜（tobufune）
DTP…株式会社千秋社
校正…有限会社くすのき舎
編集協力…寺口雅彦（文筆堂）
編集…村嶋章紀

著者
和田秀樹（わだ・ひでき）

1960年、大阪府生まれ。東京大学医学部卒業。精神科医。東京大学医学部附属病院精神神経科助手、米国カール・メニンガー精神医学学校国際フェローを経て、現在、ルネクリニック東京院院長。高齢者専門の精神科医として30年以上活動。著書に『80歳の壁』（幻冬舎）、『70歳が老化の分かれ道』（詩想社）、『老いの品格』（PHP新書）など多数。

逃《に》げ上手《じょうず》は生《い》き方上手《かたじょうず》

2024年11月5日　初版第1刷発行

著　者……………和田秀樹《わだひでき》
発行者……………岩野裕一
発行所……………株式会社実業之日本社
〒107-0062
東京都港区南青山6-6-22 emergence 2
電話（編集）03-6809-0473
（販売）03-6809-0495
https://www.j-n.co.jp/
印　刷……………三松堂株式会社
製　本……………株式会社ブックアート

ISBN978-4-408-65110-1（第二書籍）